U0690286

时光如画

北京胡同

TIME IS LIKE A PICTURE
BEIJING HUTONGS

杨茵◎摄影

中国旅游出版社

明北京城街巷示意圖

萬歷至崇禎年間

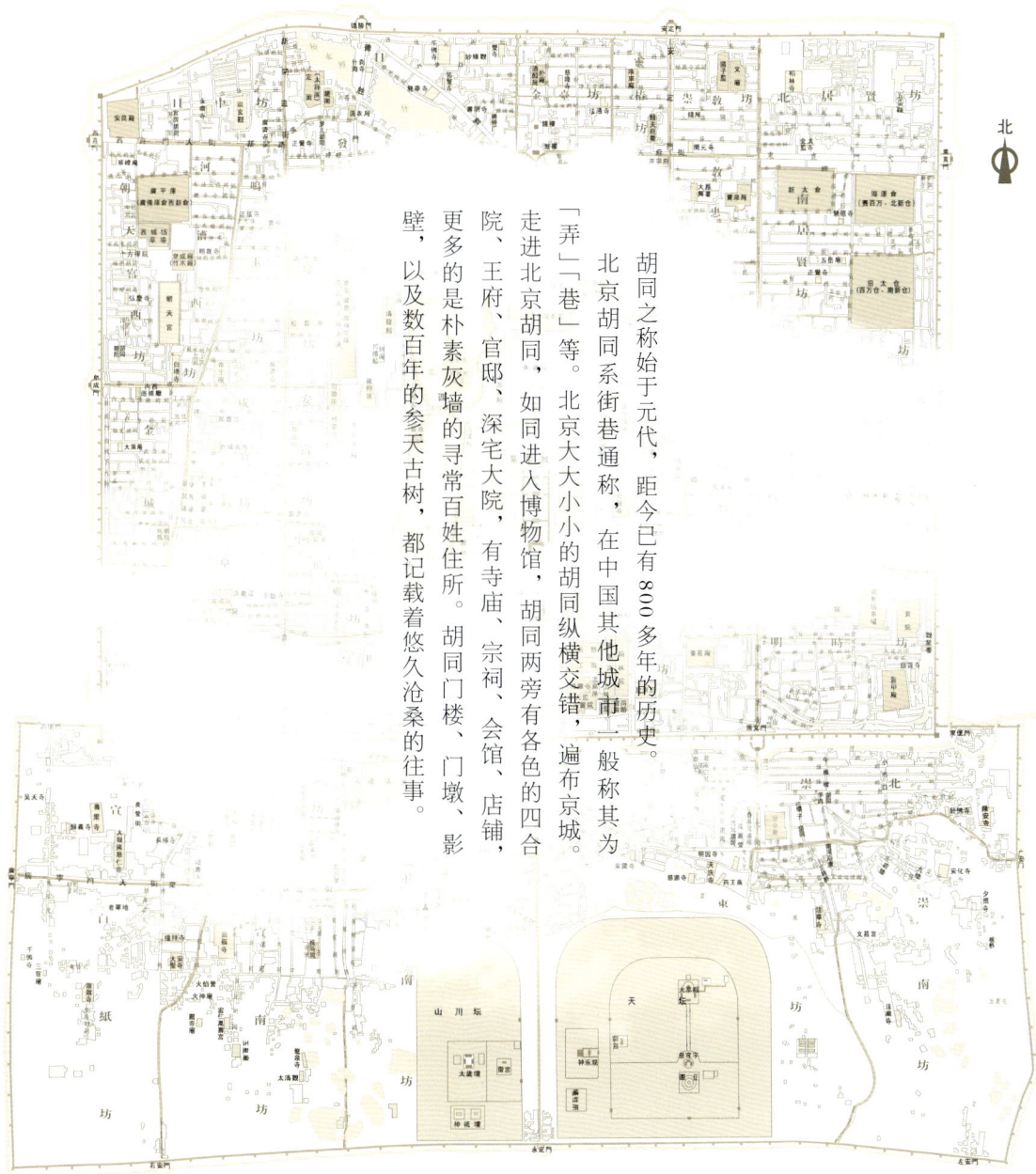

北

胡同之称始于元代，距今已有800多年的历史。

北京胡同系街巷通称，在中国其他城市一般称其为「弄」「巷」等。北京大大小小的胡同纵横交错，遍布京城。

走进北京胡同，如同进入博物馆，胡同两旁有各色的四合院、王府、官邸、深宅大院，有寺庙、宗祠、会馆、店铺，更多的是朴素灰墙的寻常百姓住所。胡同门楼、门墩、影壁，以及数百年的参天古树，都记载着悠久沧桑的往事。

序言 PREFACE

《时光如画·北京胡同》摄影／文集终于付梓出版了，可喜可贺！

我家与本书的摄影作者杨茵父子两代以文结缘，相知相熟。杨茵的父亲曾是解放战争年代的摄影前辈，在父亲的影响下，他年轻时即有远志，不畏艰难，善于学习并付诸行动，从十几岁就开始摆弄相机，并最终走上了专业摄影师的工作岗位。年轻时即有远志，不畏艰难，善于学习并付诸行动。早在1982年，杨茵年仅二十几岁，即对江西三清山进行了深入的采访及摄影创作，是第一个进入三清山进行实地报道的北京摄影记者。当年所拍摄的三清山图片曾经刊登发表于多家媒体，具有开创性的意义。

作为专业摄影师，杨茵对创作有深层次的思考。20世纪80年代，随着国家的改革开放，北京城市建设步伐加剧，城市拆迁的速度加快。当时他还不到30岁，已经敏感地意识到问题的紧迫性。出生在北京胡同里的他，童年是在胡同里度过的。当时各方面条件虽然有限，但是胡同里环境的静谧、邻里的关爱、日子的和谐、心情的快活，给了他美好而

难忘的回忆。从那时开始，杨茵常常在工作之余，拿着相机在胡同里徘徊，抓住机会就拍几幅，用镜头记录下北京胡同生活的光景。

可能他自己也没有想到，深入拍摄胡同的过程，是一场艰苦的历练、是不断的探索与学习，更是思想的飞越与精神的升华。在几百条胡同里捕捉光影的画面，逐渐打开了他的眼界与心胸。他常常慨叹北京这座东方古城无与伦比的庄严与辉煌，从皇家宫殿、社稷园林，到深宅大院、历代寺庙；从城市中轴线的恢宏、壮观，到深藏于胡同深处的门墩、影壁，无不历尽沧桑而精美绝伦、动人心弦；而深入城市的肌理，那是几百年来北京老百姓的多彩生活。在拍摄的过程中，他逐渐意识到，胡同的魅力，关键是"人"。胡同里每一扇门的背后都倔强地生活着不同的生命，人们祖祖辈辈都在这里，与老街坊交往，体味着人生的烦琐、温馨、痛苦、希望与绵长。胡同就是北京人生命的世界，胡同就是北京人的家园与乡愁。

精彩的胡同生活召唤着他，拍摄胡同成了生活中不可或缺、心心念念的重要内容。从20世纪80年代开始，这一拍就是三十几年。这些年，他从来没有休息日，无论严寒酷暑，总是起早贪黑，把拍胡同奉为自己最重要的责任。哪知越拍越觉得时间紧迫，很多早年拍摄的胡同，逐渐消失在城市的版图上。只有更加抓紧、更加努力。常言道"风雪雨雾，都可入画"，他常年坚持在极端天气里拍摄胡同。常常是下雨了、下雪了，人们匆匆往家赶，而他则拿起相机，骑上自行车奔向早已打好腹稿、构思过不知多少回的胡同去了。有时候夜里听见外面下雨、下雪了，第二天他就绝早起床，骑车赶去抓拍难得的胡同雨景、雪景。一次下

大雪，只顾专心抢拍胡同雪景的他，浑然不知自己早已全身是雪。不知什么时候，一位老大爷静静地在身后为他撑起雨伞，口中还喃喃念叨着："赶紧拍吧，不拍就没了！"他心中感动，待拍完抬起头要谢谢老人时，老人已经转身悄悄离去了。更多的时候，他遇到的是古道热肠的北京人，或围观赞叹，或热心援手，临别总是依依不舍的，仿佛从这个拍摄自己住的胡同的小伙子身上体悟到了什么。有一次，拍摄工作结束，他推着自行车正要走，身后突然冒出一句："告（诉）您啊，这儿以前叫胳膊肘儿胡同！"那是洪亮的男中音，透着北京爷们儿的爽朗与热情，他心中感动，把小小的"胳膊肘儿胡同"牢牢地记在心里。

胡同不是舞台，是人们生活的场地，垃圾、杂物是常有的，在按动相机快门前，杨茵经常用更多的时间和精力去清理垃圾、打扫现场。有时为了找到更好的拍摄角度，他还要想尽办法，登高爬梯，剐蹭胳膊腿都不算什么；更难为他的是还要找关系、求人，才能进入附近的建筑物上，拍摄到理想的俯视镜头。对于这些，苦一点、累一点、求人、难为情，渐渐都锻炼出来，习以为常了，他觉得比起能够拍摄出好的作品，这些都不算什么。心里更多想到的是要赋予作品什么，怎样才能拍摄得更具特点，留下更好的老北京胡同的影像，留下老北京的魂。

功夫不负有心人，一批高质量的北京胡同摄影作品在他的镜头下诞生了，它们不仅显示了摄影师精湛的拍摄艺术、独特构思、深邃思想，而且饱含作者的情感与精神、心胸与格局，很快产生了社会影响。不少重要机构专门向他约稿，但这些都不能改变他的初衷。北京胡同渐行渐远，胡同文化愈显珍贵，他要为这世界上独一无二的北京胡同，留下最好的影像。

进入编辑案头工作阶段，要对几万幅图片进行整理、分类、筛选，谈何容易！在5年多的时间里从未间断过，终于从京城现存的千余条胡同中遴选出137条，从几万幅照片中精挑细选了393幅不同年代的胡同摄影作品，同时入选了19处寺庙，19处名人故居，20处王府及老宅院和十几处会馆、老字号等。就在此时，一个在他心里酝酿许久的新的想法，也逐渐趋于成熟，即突破以往摄影集的模式，采用图片加文字的方式，使读者更加全面深入地了解北京胡同。经过收集大量资料，从经典建筑到名人故居，从百姓生活到传统四合院，从中轴线到消失的胡同，从建筑的审美到民风民俗，以6.5万字的篇幅，深入浅出地向读者讲述北京城的历史、北京胡同的人物和故事。还特别邀请有关作家撰写北京胡同散文编纂入集，得到作家的积极赞赏与支持。

时光如流水般逝去，这本图文并茂的摄影／文集《时光如画·北京胡同》奉献给北京，奉献给老北京的街坊们，以及所有热爱北京胡同的人们。

它留住了北京胡同的悠悠岁月，那些生命，那些故事，那些深情……

杨茵正当盛年，我知道他还有很多选题与创作计划，以他一贯的努力与自信，相信今后一定会有更多新的优秀作品问世，我和读者热切地期待着。

朱 绮 于北京静嘉书房

2022 年 1 月

374

后记

333

庚

逝去的风景

知了声声 /334
部分消失的胡同 /336
消失的老门墩 /348
各式老宅门 /350
胡同老店铺遗迹 /352
胡同里的老门钹 /358
北京胡同的风 /370

289

己

雪的物语

雪的物语 /290

245

戊

时光如画的京城碎影

家在白塔槐荫下 /246
中轴线 /250
胡同里的商业市井 /266
胡同里的老教堂 /286

目录
CONTENTS

001 甲

序言

如烟的往事

红色足迹、名人故居 /002

会馆、戏楼 /054

063 乙

年轮沧桑·古都辉煌

胡同里的寺庙 /066

胡同里的梨园 /184

胡同里的王府、官邸及宅院 /093

133 丙

青砖灰瓦慢生活

青砖灰瓦慢生活 /134

八大胡同 /192

209 丁

形形色色四合院

四合院 /210

门的制式 /226

各种装饰组件 /228

这里藏龙卧虎

这里充满传奇。

如烟的往事

红色足迹、名人故居

会馆、戏楼

STORIES GONE WITH THE WIND

红色足迹 名人故居

📍 宋庆龄故居

宋庆龄故居位于西城区后海北沿 46 号。这个院落在清朝初年，是大学士纳兰明珠的府邸花园。院中有座恩波亭，旧称渌水亭，明珠的长子纳兰性德常与文友雅集于此，饮酒作诗，通宵达旦。一座渌水亭，俨然是康熙朝的文坛圣地。

历史波谲云诡，一朝权臣往往不得善终。乾隆年间，明珠府邸易为和珅别院；嘉庆年间，和珅别院又改为成王府邸；辗转到了光绪年间，这里的新主人是醇亲王载沣。1906 年，他的第一个儿子降生于此。两年后，这个名叫溥仪的孩子在太和殿即位，年号"宣统"。

清朝有个规矩，皇帝出生的地方叫作"潜龙邸"，不宜再住人，只能改作祠庙。溥仪即位后，醇亲王府成为"潜龙邸"，载沣必须"搬家"。结果，新的王府还没建成，辛亥革命爆发了，溥仪宣告退位，一段令人唏嘘的历史，就此画上句号。

中华人民共和国成立后，醇亲王府迎来了又一位新主人。1961 年，周恩来总理亲自筹划，借醇亲王府花园，葺旧更新，新建一所二层小楼，作为宋庆龄在北京的寓所。两年后，

宋庆龄故居（摄于 2005 年）

宋庆龄迁居于此，一住便是 18 年。

　　如今走进故居，东门甬道上的龙眼葡萄架和园内十株石榴树，都是宋庆龄栽种的。小楼后有一排鸽房，最多时鸽子近百羽。鸽子，是孙中山先生喜爱的动物，他们在上海的寓所就曾饲养过鸽群。空闲时，宋庆龄常常端着一个小笸箩，装上用面包屑和绿豆掺和自做的鸽食，亲自来给鸽子喂食。睹物思人，那一排鸽房，是她在这所宅院里最爱的地方。

宋庆龄故居古树"凤凰树"（摄于 2005 年）

宋庆龄故居南楼（摄于 2010 年）

蔡元培故居

　　位于东堂子胡同 75 号。蔡元培任北大校长时曾住在这里。这条胡同中的 49 号，原为晚清大学士赛尚阿住宅，后赛尚阿因镇压太平军不力被革职治罪，此宅第被没收，咸丰时改为总理各国事务衙门。后在东侧设京师同文馆，培养八旗子弟学习外语。戊戌变法时，光绪帝指派李鸿章、翁同龢、荣禄在此与康有为辩论。结果康有为取得光绪的支持。民国初年，改为外交部。

　　武昌起义后蔡元培曾任南京临时政府教育总长，组织赴法勤工俭学。20 世纪 30 年代，曾任中央研究院院长、故宫博物院理事长、北平图书馆馆长，以及多所大学校长。他创建了较完整的资产阶级教育思想体系和教育制度，他的"思想自由、兼容并包"的主张，使北大成为新文化运动的发祥地，为新民主主义革命的发生创造了条件。

东堂子胡同·蔡元培故居（摄于 2006 年）

子民纪念堂（摄于 2020 年）

子民纪念堂

　　民主革命家、教育家蔡元培先生的纪念堂子民堂故址，位于东城区北河沿大街甲 39 号大院内。蔡元培（1868—1940 年），号子民，是为堂名。先生字鹤卿，浙江绍兴人，清光绪年间的进士、翰林。他不满清廷腐朽统治，同情康梁维新，戊戌政变后弃官救国，在上海组织爱国学社、光复会，宣传"排满革命"，曾赴法留学。辛亥革命后，回国任教育总长。自 1916 年起，任北京大学校长。先生就任后，一扫旧北大腐朽保守之颓风，力倡教育改革，主张兼容并包。一时间具有新思想的陈独秀、胡适、李大钊、鲁迅、马寅初、沈尹默、钱玄同等一大批学者名流云集北大，校风为之焕然一新。北大后来能成"五四"运动之策源地，先生之改革与有功焉。1940 年 3 月，蔡元培先生在中国香港病逝。

　　1947 年，北京大学师生将 1935 年以前的北京大学旧图书馆特辟为"子民纪念堂"，以纪念蔡元培先生。新辟的"子民堂"，是一座典型的清代北京四合院。此院原为清代乾隆年间的国舅、大学士傅恒府邸中的一个院落。

📍 李大钊故居

　　文华胡同 24 号，是李大钊在北京居住时间最长的一处住所。李大钊一家生活在北院，正房三间，东、西耳房各两间，东、西厢房各三间。院子里有三株海棠树，南面是花畦和盆花。

　　1920—1924 年，时任北京大学图书馆主任和教授的李大钊，携家眷居住在这个小院里。这是他一生最繁忙、最辉煌的时期。在书房里，他接待过共产国际驻中国的代表马林，商议如何召开中国共产党第一次代表大会；西厢房则是秘密会议、朋友谈心、同志聚会的场所，邓中夏、高君宇、缪伯英、张太雷、张国焘、罗章龙等，都是这里的常客。

　　1921 年中国共产党成立后，李大钊负责领导北方地区党的工作。他的生活十分节俭，不抽烟、不喝酒，坐火车从来都是末等车。他在大学任职，领着不菲的薪资，却将大半拿出组织活动或接济贫困学生。他不乘人力车，经常步行上班，中午总是吃大饼、馒头或窝头加白开水，身边人如此归纳他的生活：黄卷青灯，茹苦食淡，冬一絮衣，夏一布衫。一次，学生张尔言看到李大钊吃大饼来大葱，让他注意营养。他回答："美味佳肴人皆追求，我何尝不企享用？但时下国难当头，众多同胞食不果腹，衣不遮体，面对这种情况，我怎忍只图个人享受，不思劳苦大众疾苦呢？"

　　1923 年下半年，李大钊应孙中山之约，协助国民党实行改组。当他为革命事业四处奔波之时，军阀政府的特务、流氓也环伺在小院之外。他们监视着院中的动向，闯进李大钊的书房，搜查骚扰一番，或冒充小偷，隔三岔五地过来捣乱，偷走家中的白箱子，夜里在房上乱窜。无奈之下，1924 年 2 月，夫人赵韧兰带着全家，搬到了西城区铜幌子胡同甲 3 号。

　　此后，李大钊为了继续工作，只能在偌大的北京不断转移。1927 年 4 月 6 日，他被张作霖逮捕，22 天后英勇就义。李大钊的女儿李星华于 1943 年写下《十六年前的回忆》，后来入选小学课本，成为许多人心中难忘的名篇。文中，她如此回忆在法庭上与父亲的最后一面："他脸上的表情非常安定，非常沉着。他的心被一种伟大的力量占据着。这个力量就是他平日对我们讲的——他对于革命事业的信心。"（摄于 2015 年）

李大钊故居（摄于 2005 年）

箭杆胡同陈独秀旧居（摄于 2019 年）

陈独秀旧居

　　位于北京东城区箭杆胡同 20 号（旧时的门牌 9 号）。1917 年，陈独秀应蔡元培之邀出任北京大学文科学长时就住在此地，后来他创办的《新青年》杂志也从上海迁到这里。

　　1920 年陈独秀放弃北大每月 300 块银元的高薪，从这里出发前往上海创建党组织。次年，中国共产党成立，陈独秀被选为中央局书记。

周家宅院旧址（摄于 2019 年）

八道湾胡同周家宅院旧址

　　八道湾 11 号是鲁迅家族离开绍兴到北京居住的宅院，是新文学经典《阿 Q 正传》等的诞生地，新文化运动风云人物蔡元培、胡适、李大钊、毛泽东、钱玄同、沈尹默等都曾到访。

📍 **豆腐池胡同·杨昌济故居**

豆腐池胡同，在钟鼓楼的北边。据说早年间，有一个姓陈的豆腐商人，豆腐做得好，生意兴隆，大伙儿把他做豆腐的胡同，叫作"豆腐陈胡同"，天长日久叫白了，就成了"豆腐池"。这里的故事一直很平淡，一直到 20 世纪初叶，豆腐池胡同 15 号迎来了一位学者，平淡的历史从此有了动人的一笔。

15 号院是一所坐北朝南的两进院子，主人是杨昌济一家。1918 年 6 月，接到北京大学的聘书后，这位岳麓山下的伦理学教授，走进了文化底蕴深厚的北京胡同。刚在院门上挂起"板仓杨寓"的铜牌，杨昌济想起了湖南第一师范的得意弟子毛泽东、蔡和森，写信敦促他们早日到京深造。这一年夏天 25 岁的毛泽东第一次来到北京，和蔡和森一起住在老师家南房靠院门的单间里。此后，一批湖南青年常在星期天、节假日，聚在豆腐池胡同的这座小院里，共叙天下大事，探寻救国真理，杨昌济的女儿杨开慧也在一旁聆听。

当年，中院刚栽下一棵小枣树，杨开慧和父亲常为小树培土、施肥，毛泽东也帮着浇水、护理，二人的关系越来越亲密，在豆腐池胡同留下无数成双成对的脚印。

1920 年 1 月 17 日，杨昌济溘然长逝，终年 49 岁。同年冬天，毛泽东和杨开慧在长沙第一师范附小的教师宿舍，举办了简朴的婚礼。从此，一对志同道合的伴侣，一同走上了革命道路，直至 10 年后，1930 年 11 月 4 日，杨开慧被国民党枪杀于长沙浏阳门外识字岭，时年 29 岁。

如今，院中枣树已百岁高龄。豆腐池胡同尘封的记忆里，曾有一段"恰同学少年"的峥嵘岁月。

豆腐池胡同·杨昌济故居（摄于 2016 年）

豆腐池胡同（摄于 2006 年）

魏染胡同·原京报馆旧址（摄于 2001 年）

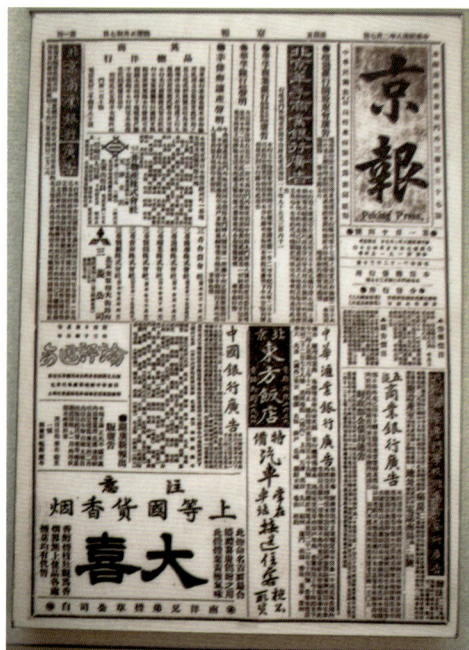

魏染胡同

1926 年 4 月 26 日凌晨 4 时许，东方未白，北京天桥东刑场传来一阵低沉的枪响，《京报》创始人、著名记者邵飘萍轰然倒在血泊中，年仅 40 岁。

1886 年，邵飘萍生于浙江东阳，原名振青，"飘萍"为后来取的笔名，意寓"人生如断梗飘萍"。他以"新闻救国"为理想，对朝夕变幻的时局洞若观火。1915 年 12 月，袁世凯公然称帝，邵飘萍为《申报》《时报》执笔，写下一系列嬉笑怒骂的文章，著名的《预吊登极》共 82 字，却用了 5 个"极"字，把"登极"和"极刑"相连，预言"登极"之日，也是"置诸极刑"之时。

作为新闻记者，邵飘萍很会打探消息，总能爆出"独家猛料"。作为《申报》驻京特派记者，他有时在北京饭店宴请政界要员，一边与他们觥筹交错，于酒酣耳热之际套问出机密信息，一边安排隔壁房间的人备好电报纸，又让两辆自行车在门外等候，消息随写随发，往往宴会还未结束，消息已到达上海。

1918 年 10 月 5 日，《京报》在北京前门外三眼井胡同诞生，后迁至魏染胡同 30 号。创立当天，邵飘萍在编辑部即兴挥毫，写下"铁肩辣手"四个大字，悬挂在报社墙上。

这四个字，成为贯穿邵飘萍一生的信条。五四运动中，他大声疾呼，被当局视为眼中钉、肉中刺，全国通缉，被迫化装成工人逃到天津，随即流亡日本；"三一八惨案"中，他急赴各地采访，《京报》印制了 30 万份名为"首都大流血写真"的特刊，翔实报道了段祺瑞执政府卫队"平暴"的真相。为此，冯玉祥将军曾夸赞："飘萍一支笔，胜抵十万军。"

因不断发表报道、时评，历数张作霖罪状，且宁死也不收下 30 万银圆的"封口费"，邵飘萍成为张作霖必欲杀之而后快的对象。1926 年 4 月 24 日，他被押至警厅，《京报》随之被封，终期 2275 号，两天后，壮烈牺牲。

邵飘萍的一生，彰显着民国报人的风骨。他们身处乱世，以笔为矛，只手与各路专制独裁势力搏击。他们横遭杀害的不幸命运，也为中国现代史增添了一抹悲壮的血色。

📍 老舍故居

　　丰富胡同位于东城区灯市口西街。清代属镶白旗，清乾隆时称风筝胡同，宣统时称丰盛胡同，民国后沿称。1965 年整顿地名时，改称丰富胡同。

　　老舍故居，位于丰富胡同 19 号。老舍在北京解放前后住过的地方共有十处，其中解放前九处，解放后一处。乃兹府丰盛胡同 10 号（今灯市口西街丰富胡同 19 号）是解放后居住的地方，直至辞世。老舍先生在这里住的时间最长，长达 16 年，人生成就最辉煌。老舍先生"生在北京，长在北京，死在北京，他写了一辈子北京。老舍和北京分不开，没有北京，就没有老舍"。1954 年春天，老舍先生在小院中亲自栽下了两棵柿树，每逢深秋时节，柿树缀满红柿，别有一番诗情画意，为此胡絜青美其名为"丹柿小院"。

　　我是文艺界中的一名小卒，十几年来日日操练在书桌上与小凳之间，笔是枪，把热血洒在纸上。可以自傲的地方，只是我的勤苦；小卒心中没有大将的韬略，可是小卒该作的一切，我确是作到了。以前如是，现在如是，希望将来也如是。在我入墓的那一天，我愿有人赠给我一块短碑，刻上：文艺界尽责的小卒，睡在这里。

——老舍

老舍故居（摄于 2016 年）

📍 郭沫若故居

　　位于前海西沿 18 号。原是清代和珅的一座花园，后成为恭亲王奕訢府的草料场和马厩。民国年间，恭亲王的后代把王府和花园卖给辅仁大学，把此处卖给达仁堂乐家药铺作宅园。1963 年 10 月郭沫若始居于此，直至 1978 年 6 月 12 日逝世，郭沫若先生在这里度过了他一生中的最后 15 年。院中郭老及夫人种植的花草、树木至今郁郁葱葱，郭沫若先生的半身像坐落其中。郭沫若曾任政务院副总理、文化教育委员会主任、中国科学院院长，是中国著名的现代作家、历史学家、考古学家，同时还是大书法家。郭沫若的书法作品很多，今日我们可以见到的"故宫博物院""中国银行""黄帝陵""北海公园"等重量级匾额题字都出自他手。

　　秋天到来 / 蝴蝶已经死了的时候 / 你的碧叶要翻成金黄 / 而且又会飞出满园蝴蝶

　　　　　　　　　　——出自郭沫若先生的《银杏》

秋日的郭沫若故居（摄于 2015 年）

鲁迅故居（摄于 2006 年）

鲁迅故居

　　1912 年 5 月，鲁迅到北京教育部做了一名公务员，至 1926 年离京南下，在北京生活了 14 年。阜成门内宫门口西三条 21 号，是他在北京的最后一处住所。

　　1924 年 5 月，鲁迅一家搬入这座小四合院。当时的阜成门一带，居住的大多是拉人力车、赶骡车的贫苦百姓，没有电灯，也没有自来水，煤渣铺成的土路，风天黄沙飞舞，雨天泥泞不堪。

　　21 号小院，南、北房各三间，东、西各一间小厢房，一直保持着鲁迅居住时的模样。院中是先生当年手植的两株丁香，依然枝繁叶茂、生机盎然。北屋后接出一间，人们称为"老虎尾巴"，是鲁迅的工作室兼卧室。在这间 8 平方米的斗室里，鲁迅翻译了《苦闷的象征》《出了象牙之塔》，写下了散文集《野草》和小说集《彷徨》中的大部分作品，完成了杂文集《华盖集》《华盖集续集》以及《坟》《朝花夕拾》中的大部分篇章，还指导青年编辑出版了《莽原》《未名》《语丝》等刊物。当时小小的"老虎尾巴"，经常满满当当、烟气腾腾。青年们在这里笑语喧哗，谈思想，论时事，研究书刊，议论创作。谈至夜深，鲁迅先生总是提着煤油灯，送他们到大门外，看他们远去了，才回身离开。

鲁迅在这里居住的时候，正是风云变幻的年代。在"三一八惨案"中，鲁迅始终站在学生和人民一边，招来段祺瑞政府的迫害，一度被迫离家避难，先后在锦什坊街"莽原社"、山本医院、德国医院、法国医院等处避居。开始是装病人、假吃药，后来待不下去了，只得住进医院的一间堆积房和一个木匠房，躲了若干日，夜间在水泥地上睡觉，白天用面包和罐头食品充饥。"老虎尾巴"床下，至今放着一个竹编的网篮，就是鲁迅几次出走时，装日用杂物的用具。

　　1926 年 8 月，鲁迅南下，母亲鲁瑞和朱安夫人继续在此居住。1943 年，鲁母去世，朱安独自看守故居。鲁迅曾说，她是"母亲送给我的一件礼物"，几十年来他们相敬如宾，没有爱情，也没有共同语言。1947 年，朱安去世，成为周家在这座房子里居住最长的主人。

鲁迅故居院内的丁香树，是鲁迅先生亲手种植，至今已有近百年（摄于 2006 年）

新文化街鲁迅中学（摄于 2016 年）

新文化街（石驸马大街）

　　新文化街位于西城区宣武门内大街西侧，历史可以追溯到明代。明宣宗时，顺德公主的驸马——石璟的宅邸曾在这里，这条街就被老百姓叫作"石驸马大街"。清初时，努尔哈赤的长孙、八大铁帽子王之一克勤郡王入住此街，兴建了规模宏大的王府。辛亥革命后，北洋政府国务总理熊希龄买下王府，1931年无偿捐给儿童教育事业，此后几经变迁，现为北京第二实验小学。

　　克勤郡王府向东不远，是克勤郡王玄孙斗宝的府邸，人称"斗公府"，两府并列，俗称"东府"和"西府"，不少人认为，这就是《红楼梦》中荣、宁二府的原型。1908年，清学部在斗公府旧址建筑校舍，设立京师女子师范学堂，1924年更名为北京女子师范大学。

　　这所学校最著名的教员莫过于鲁迅。1919年，鲁迅全家迁入北京后，由于教育部的公务清闲，加之生活开销增大，他开始在一些学校兼课，那篇不朽的《记念刘和珍君》（1926年）里的悼念主角，就是由这里出发，前往段祺瑞执政府游行请愿的女学生们。

　　彼时，鲁迅已因《阿Q正传》名声在外。第一天上课时，坐在第一排的学生许广平，首先注意到他那两寸长的头发笔挺地竖立着，又粗又硬。讲台短、黑板长，他写字时就在讲台两边跳上跳下，夹袍、马褂上补丁一闪一闪，像"出丧时那乞丐的头儿"。可渐渐地，学生们就被讲课的内容吸引了，"那是初春的和风，新从冰冷的世间吹拂着人们"。

　　此后，许广平走入了鲁迅的生活，帮助先生查找资料、抄写稿件、校对译注，爱情在两人之间萌芽。1926年8月，鲁迅去了厦门，许广平到了广州，一年后，他们辗转到了上海，开始了同居生活。

　　1969年，为纪念鲁迅先生，将石驸马大街更名为新文化街。如今，女师大的校址已经成为"鲁迅中学"，只有古色古香的校门和庭院依旧。

⦿ 细管胡同·田汉故居

　　田汉故居位于东城细管胡同 9 号，金柱大门，为二进四合院。田汉先生，湖南长沙人，中国革命戏剧运动的奠基人和戏曲改革的先驱者。1932 年加入中国共产党，他和聂耳合作的《义勇军进行曲》后来成为新中国的国歌。中华人民共和国成立后田汉先生被选为第一、第二届全国人大代表，历任中国文联主席、中国戏剧家学会主席等。田汉先生著作很多，如著名话剧《名优之死》《丽人行》《文成公主》等。

细管胡同田汉故居（摄于 2010 年）

梅兰芳纪念馆（摄于 2006 年）

📍 梅兰芳故居

　　西城区护国寺街 9 号，是梅兰芳纪念馆所在地。自 1951 年，在这座闹市之中的静谧门庭，伶界大王度过了人生的最后十年。

　　1920 年，梅兰芳已名冠京城，买下东城区无量大人胡同的七进大四合院，院中筑有长廊、荷花池、假山，有二层西式小楼，室内陈列名家字画、古玩瓷器，家具是上等紫檀黄花梨。十余年间，梅兰芳在那里接待过泰戈尔、杜威、罗素、毛姆，以及各国政要外宾六七千之众。

　　1932 年，华北告急，红楼梦断，梅兰芳被迫迁居上海，抗战中蓄须明志、画地为牢。为补贴家用，夫人福芝芳不得不回北平卖掉无量大人胡同的宅子，风云一时的京城沙龙就此断送。1951 年，应周恩来总理之邀，梅兰芳一家从上海迁回北京，住进了护国寺街的宅院。

　　相比气派奢华的梅家故居，这座二进的小院显得过分逼仄。主人的客厅依然热闹，田汉、欧阳予倩、周信芳、袁雪芬、红线女等新时代的同事、同行，都是护国寺小院的座上宾。聚会人多时，书房、会客厅都坐不下，一直挤进卧室里，饭厅整日开着，总是不断摆上饭菜招待客人。

　　1959 年在小院中，梅兰芳排演了中华人民共和国成立后的第一出，也是人生最后一出新戏《穆桂英挂帅》。1961 年 5 月 31 日，应中科院院长郭沫若之邀，梅兰芳赴西郊中关村为科学家表演《穆桂英挂帅》。这是他的谢幕绝唱，8 月 8 日，梅兰芳在北京逝世，享年 67 岁。

　　1986 年，邓小平题字的梅兰芳故居，在整修后正式开放。当年搬进小院后，梅兰芳种了两株海棠树、两株柿子树。如今，花树已长得枝繁叶茂，阳光穿过树荫，满院波光碎影。一代名伶的传奇人生，就在这方窄小的舞台落下帷幕。

人民剧场

北京人民剧场，坐落于北京市西城区护国寺大街74号。2007年入选"北京优秀近代建筑保护名录"。自1953年落成以来，梅兰芳等艺术大师、戏剧名家，都曾在此登台献艺，留下了几代艺术家的足迹。历任党和国家领导人，都曾来此观看演出。人民剧场记载了中华人民共和国成立以来京剧艺术、戏曲文化的发展历程。

人民剧场（摄于2005年）

张伯驹潘素故居

　　张伯驹潘素故居纪念馆，位于北京市西城区后海南沿 26 号，紧邻什刹海后海南岸，是在文化界知名人士张伯驹、潘素夫妇故居的基础上成立的纪念馆，是张伯驹、潘素夫妇晚年居住的住宅。该院并非标准四合院，而是南北两排平房。张伯驹（1898—1982 年），号丛碧，别号游春主人、好好先生，河南项城人，爱国民主人士，收藏鉴赏家、书画家、诗词学家、京剧艺术研究家。张伯驹夫妇曾将《平复贴》《游春图》等多件珍贵文物捐献给国家。

张伯驹潘素纪念馆（摄于 2015 年）

跨车胡同·齐白石故居（摄于2005年）

齐白石故居

南锣鼓巷如蜈蚣般经纬交错的16条胡同，雨儿胡同是其中之一。相对人潮涌动的"蜈蚣背"，作为"蜈蚣腿"的雨儿胡同要清静许多。雨儿胡同13号院是一座灰墙朱门的四合院，大门上悬挂着"齐白石旧居纪念馆"几个大字。1955年，92岁高龄的白石老人，搬进了这所宅院。

这座四合院，曾是皇太极第四子叶布舒的府院，后来成了清内务府一位总管大臣的私宅。1955年春，周恩来总理安排齐白石住到这里，但只住了半年，老人不习惯，返回了自己的旧宅——跨车胡同15号。

只读过一年书的齐白石，从15岁起便当起了木匠学徒，在湖南湘潭生活了近40年，不惑之年才开始接触外面的世界，8年里"五出五归"，游历了陇中、岭南、江浙等地。1917年，家乡遭遇战乱，军队、土匪竞起，齐白石来到北京，在琉璃厂南纸店挂单，卖画、刻印却无人赏识。57岁那一年，在好友陈师曾的建议下，齐白石开始"衰年变法"，尽脱前人窠臼，熔民间画与文人画于一炉，一时声名大噪。1926年冬天，齐白石花2000银圆买下了跨车胡同

的住宅，来京十年，终于有了自己的家。他在南院种满了丝瓜、葡萄和苋菜，画上的一草一茎都由这田间地气激荡而生。

"七七事变"爆发后北平沦陷，齐白石辞去教职，蜗居斗室，在门上贴一字条"白石老人心病发作，停止见客"，以此拒绝日伪大小头目前来索画。

"铁栅三间屋，笔如农器忙；砚田牛未歇，落日照东厢。"70多年的艺术生涯中，齐白石几乎天天都在作画，30多年的"跨车生涯"因此交织着太多故人故事。如今的跨车胡同在金融街地区一段极不起眼的小巷中，齐白石的小院在四周高楼大厦的挤迫下，恍若一座孤岛。

2011年，北京画院对雨儿胡同13号院重新修复，复原了白石老人晚年的生活与创作场景，并命名为"齐白石旧居纪念馆"。院中有一座近两米高的齐白石塑像，是雕塑家吴为山的作品。白石老人一手拄着拐杖，一手放在胸前，须髯飘飘，伫立在今日北京的天空下。

雨儿胡同·齐白石纪念馆（摄于 2000 年）

方巾巷中的司徒雷登旧宅

北京站街对面原有一条不长的胡同叫方巾巷。这条胡同东临贡院，贡院是明清时期的科举考场，因多有赶考的学子聚集而得名。方巾是明代读书人、学子戴的帽子。此胡同中有司徒雷登的旧宅。

司徒雷登（1876—1962年），美国基督教长老会传教士、外交官、教育家。1876年6月，司徒雷登生于杭州，父母均为美国在华传教士。1904年开始在中国传教，曾参加建立杭州育英书院（即后来的之江大学）。1919年起任燕京大学校长、教务长。1946年任美国驻华大使，1949年8月离开中国。

1919年1月底，司徒雷登担任燕京大学校长。燕大为教会学校。司徒雷登本人虽是传教士，但他却大胆地提出燕大

应当传授没有被歪曲的真理，至于信仰什么或表达信仰的方式，则完全是个人的私事。当时正值"五四"运动，各地学潮风起云涌，司徒雷登立场鲜明地站在爱国学生一边。

1935年"一二·九"运动，燕大是主要发源地之一，地下共产党人数在京城各大学中是最多的，这与司徒雷登的保护和支持分不开。

1946年，司徒雷登被美国政府任命为驻华大使，担负斡旋和沟通国共两党的调停工作。

1949年，解放军解放南京，司徒雷登坚决不肯离开，希望能与共产党接触，讨论如何处理中美关系，并起草备忘录，提出承认中共的设想，希望亲自去北京与周恩来面谈。毛泽东、周恩来同意司徒雷登秘密北上，并向他转达

方巾巷胡同的司徒雷登旧居（摄于 2020 年）

了这个重要信息。但美国国务院发表白皮书，片面地公布了许多资料，等于出卖了司徒雷登，给他造成很大伤害。司徒雷登离开生活了 55 年的中国，晚年十分寂寞和悲伤。1962 年 9 月 19 日，司徒雷登病逝于美国华盛顿，终年 86 岁。

1949 年 4 月下旬，中国人民解放军横渡长江，南京国民党政府逃往广州，这标志着国民党政权的垮台。但美国及西方一些外交使团仍滞留南京，采取观望态度。7 月，美国驻华大使在万般无奈的情况下才灰溜溜地离开南京回国。毛泽东为新华社撰写了社论《别了，司徒雷登》，深刻揭露了美帝国主义对华侵略政策的实质及其失败的必然性，让那些有糊涂观念的人警醒。

在这篇评论里，毛泽东指出，司徒雷登从中国离开是美国侵略政策彻底失败的象征。美国之所以要大规模地出钱、出枪、出顾问帮助蒋介石打内战，是由它的侵略政策决定的，中国是亚洲的重心，夺取了中国，整个亚洲都是它的了，但是由于中国人民、美国人民和全世界人民的反对，美国又不敢直接大规模地出兵干涉中国，只好选择国民党作它的打手，可惜这个打手不争气，被中国人民打败了。

中国人民是有骨气的，并不怕美国的封锁，毛泽东在文中振聋发聩地一笔勾勒："封锁吧，封锁十年八年，中国的一切都解决了。中国人民死都不怕，还怕困难吗？"

📍 茅盾故居

　　茅盾先生的故居著名的有两处，一处在北京，一处在乌镇。北京故居位于东城区交道口南大街后圆恩寺胡同 13 号，是茅盾 1972 年后居住的地方，1985 年 3 月 27 日正式开放。乌镇故居是茅盾先生出生和成长的地方，现为国家重点文物保护单位。茅盾曾出任新中国第一任文化部部长。在温馨的四合院中，老人用人生最后的 6 年多时光写出回忆录《我走过的道路》。

茅盾故居（摄于 2004 年）

文昌胡同（摄于 2005 年）

📍 文昌胡同

　　文昌胡同在长安街南侧。清初时，是铁匠胡同的一部分，因为在中段，后来改称"中铁匠胡同"，1911 年改为"文昌胡同"。文昌胡同 15 号院曾有一幢二层小楼，是张学良居住过的行辕。

赵家楼胡同（摄于 2004 年）

赵家楼胡同

　　1919 年，当巴黎和会外交失败的消息传回国内，举国震惊。5 月 4 日下午 1 点，北京 13 所学校的 3000 多名学生聚集在天安门前的空地上。2 点半，游行队伍走出中华门，向使馆区所在的东交民巷前进，头一排的学生扛着两面五色旗，后面则紧跟着一副北京学界赠给"卖国贼曹汝霖、陆宗舆、章宗祥"的"挽联"。

　　队伍行至东交民巷西口的时候，被捕房阻拦。学生代表前往各国使馆交涉，申请穿越使馆区游行，始终未得到允许。"国犹未亡，自家土地已不许我通行，果至亡后屈辱痛苦又将何如？"在午后日头的暴晒下，学生们热血激荡，人群中传出一个声音："大家往外交部去，大家往曹汝霖家去！"

　　下午 4 点半左右，游行队伍来到离外交部不远的赵家楼 2 号曹汝霖的住宅。这是一幢两层的西式洋房，所有门窗紧闭，周围有 200 个军警把守，赤手空拳的学生破窗入室，打开大门，殴打章宗祥，火烧赵家楼……

　　北大教授陈平原曾在《五月四日这一天》中，事无巨细地还原了那一天的历史现场：学生们如何"集会天安门前"又"受气东交民巷"，"火烧赵家楼"时是"何人冒险破窗"又"为何放火烧房"，直至"夜囚警察厅"的遭遇。那一天下午，在东交民巷德国医院里陪二弟的冰心，从前来送换洗衣服的女工口中知道街上有好多学生正打着白旗游行；在赵家楼附近的郑振铎午睡刚起，便听见有人喊失火，紧接着又看见警察追赶一个穿着蓝布大褂的学生；从什刹海会贤堂楼上吃茶归来的沈尹默走在回家路上，看见满街都是水流，街上人说是消防队在救赵家楼曹宅的火；游行的消息传到北京西郊的清华园，闻一多写了一张岳飞的《满江红》，当晚偷偷贴在食堂门口……

　　谁第一个打进了赵家楼？谁点燃了震惊中外的那把火？从事发当天到现在，出现了无数耐人寻味的版本。但无论如何，1919 年 5 月 4 日，在赵家楼胡同，中国历史掀开了新的一页。

📍 赵堂子胡同·朱启钤故宅

位于赵堂子胡同 3 号，东邻宝盖胡同，西近朝阳门南小街，北靠盛芳胡同。此宅是朱启钤在 20 世纪 30 年代购置的，当时还是一座未完成的建筑，后由他亲自设计督造，建成一处大型宅院。中华人民共和国成立后，朱启钤将此宅献给国家，全家迁入东四八条 111 号。1986 年 1 月 21 日，赵堂子胡同 3 号被公布为东城区文物保护单位。

朱启钤创办了北京市的第一个公园——中央公园（今中山公园）；中国的第一个博物馆——古物陈列所（1946 年与故宫博物馆合并）。1920 年任《四库全书》印刷督理。1925 年开始筹办中国营造学社，从事古典建筑文献的整理研究，1930 年营造学社正式成立，任社长。这是研究祖国建筑文化遗产最早的学术团体，对这项工作起了启蒙和推动作用。

朱启钤故宅（摄于 2015 年）

雨中的东郊民巷(摄于 2005 年)

东交民巷

　　东交民巷最初叫东江米巷，明代时，江南的粮米通过河道运输到都城，卸下的粮食在此地储存。清代乾隆、嘉庆年间，出现了供外国使臣临时居住的"迎宾馆"，鸦片战争后，又陆续设立英、俄、德、法等国使馆。庚子事变中，慈禧太后怂恿义和团围攻东交民巷使馆区，导致八国联军入侵北京。第二年，清廷被迫与八国联军签订丧权辱国的《辛丑和约》，此后，东交民巷就成了变相的"租界"。各国在此大兴土木，修建兵营、使馆、医院、银行、饭店、教堂，洋楼高接云霄；而原本坐落于此的中国建筑，如祠堂、衙署、仓库、民房，都被拆毁一空。在古老东方帝国的都城中，这里就像西方的一块飞地，与周边低矮的四合院一对比显得格格不入。

　　东交民巷，由此成为中国近代史的代名词，成为"最有历史泪点的胡同"。如今，曾经的"国中之国"，成为北京独一无二的异域风景。漫步于此，人与事交织，每一栋建筑背后，都可能蕴藏着历史的风云。

东交民巷（原法国邮局）（摄于 2005 年）

东交民巷（原比利时大使馆）（摄于 2015 年）

东交民巷（原比利时大使馆内景）（摄于 2015 年）

中国法院博物馆

东交民巷（原日本正金银行）（摄于 2015 年）

西城区东北园胡同南巷 5 号院，此处原为明清时期一座道观所在地，院内的古槐树距今已有 300 年以上。（摄于 2005 年）

📍 史家胡同

　　史家胡同位于东城区东四南大街东侧，呈东西走向。东起朝阳门内南小街，西至东四南大街，南与东、西罗圈胡同相通，全长 726 米。胡同内大大小小的四合院有 80 多处。这是一条历经元、明、清、民国，跨越了 700 多年历史长廊的胡同。史家胡同名称一直沿用至今。

史家胡同（摄于 2006 年）

史家胡同（摄于 2006 年）

史家胡同 · 凌叔华旧居

　　有人如此形容史家胡同："一条胡同，半部中国史。"59 号的史家小学，原来是清代八旗子弟的"左翼宗学"，至今仍是北京最有名的小学之一；53 号最早住过抗清名将史可法，后成为大太监李莲英的外宅；51 号住过章士钊，47 号住过傅作义；20 号则是北京人民艺术剧院的宿舍，焦菊隐、夏淳、欧阳山尊、于是之等元老，在这里生活了大半辈子……

　　史家胡同 24 号，是凌叔华的出生之地。这位与冰心、林徽因齐名的民国才女，在小说《古韵》中如此描述凌家大宅：99 间房舍，院套院，屋连屋。这是一个生活着一个父亲、几房姨太太、十多个兄弟姐妹，以及文案、账房、塾师、佣人、丫鬟、家丁、花匠、厨师、门房等的旧式大家庭。

　　凌叔华 7 岁开始学画，老师是著名的画家王竹林和宫廷女画师缪素筠，而教她古诗和英文的，则是被称为"一代怪杰"的学者辜鸿铭。1921 年，凌叔华考入燕京大学，3 年后开始发表小说。小说里的种种生活图景，那些闺阁绣纬中的新旧女性、高门巨族的世态炎凉，都是她成长中的见闻和隐痛。

　　早于林徽因 10 年，凌叔华就在史家胡同 24 号张罗起汇聚京华名流的文化沙龙，齐白石、陈半丁、泰戈尔、徐志摩，以及后来成为她丈夫的陈西滢，都曾往来出入这间"小姐的大书房"。

　　1989 年年底，旅居海外 30 多年的凌叔华，下决心在最后的日子里，回到北京的家。一年后，她在弥留之际，被女儿、外孙用担架抬到 90 年前出生的地方，据说进院时，竟像小时候一样低声说："妈妈等我回家吃饭。"

　　2013 年 10 月，这里作为北京第一家胡同博物馆，正式对外开放。这里有一间像录音棚一样的小工作室，收藏着 70 多种"胡同声音"，刮风、下雨、电闪、打更、大院里枣子的落地声、招呼磨剪子抢菜刀的"震惊闺"、郎中手里的串铃"虎撑"，挨个听着，北京在各个时代的季节流转，就在耳边一一展开。

　　"胡同声音"的策展人秦思源，正是凌叔华的外孙。在日渐喧哗、纷扰的都市里，他以这种方式，让人们短暂地重回那些年幽静、明朗的老北京。

凌淑华旧居（摄于 2006 年）

◉ 雪池胡同

　　切片的鲜藕、去皮的核桃仁及杏仁、去芯的鲜莲蓬子、鲜菱角、鲜老鸡头，加清水蒸熟。在瓷碗底垫上冰块，铺上荷叶，摆上蒸熟的各色鲜果，浇上白糖熬成的糖汁，有时还会放上两三片山楂糕。这便是老北京人曾颇喜欢吃的时令小吃——冰碗儿。

　　在没有空调、电扇、冰激凌的岁月里，"吃冰"并不是一件容易的事。北京明清时期有许多冰窖，每年冬季在河中凿冰块，下窖储存，待来年夏天取用。这些冰窖中，最有名的要数雪池胡同的冰窖。雪池胡同地处景山公园西门至北海公园东门之间，它的冰取自太液池，也就是现在的中南海和北海水面，从万历年始建到 1979 年停用，历经 400 余年。住在雪池胡同附近的老人回忆儿时，每逢夏天，拉冰的工人赤膊使一把钩连枪，瞪着眼、冒着汗，钩来一大块晶莹的冰，扔在三轮车上。孩子们就等着搬运过程中掉落的碎冰，每人捡几块，塞进嘴巴，去去暑气……

　　从冰窖北行，走到胡同尽头，有一个不大的四合院。这里曾是林长民、林徽因父女的"雪池斋"。1921 年，旅英归国的林家父女在雪池胡同 2 号安家落户。和北总布胡同著名的"太太客厅"不同，这里记录了林徽因的少女时代。那时，她在离胡同不远的培华女校上学，与梁思成定下金石之盟。1922 年，当徐志摩归国、放下行李赶到这里时，等待他的是一段无果而终的爱情。

雪池胡同·皇家冰窖（摄于 2006 年）

雪池胡同（摄于 2006 年）

白米斜街·张之洞故居（摄于 2006 年）

📍 白米斜街

北京的街道，大多横平竖直、不歪不斜。偶尔也有斜街，大多是昔日的河道。比如白米斜街，最早是什刹海前海南岸，只有坐南朝北的房屋，后来河水水位下降、水面缩小，建筑逐渐向北推移，这才出现了白米斜街。这条街的得名，是因历史上曾贮售白米。

白米斜街 11 号，是张之洞的旧宅。清光绪三十三年（1907 年），他奉旨进京，升任军机大臣，住进了白米斜街。

与曾国藩、左宗棠、李鸿章齐名的张之洞，一生传奇而复杂。他是效忠清室的忠实走卒，屠杀维新志士，镇压义和团；又是改革积弊的洋务派领袖，倡建京广铁路，创办汉阳兵工厂，废科举，兴新学，派遣留学生出洋——日后，这些从他筹办的学堂中走出、从海外留学归来的年轻人，有的却成为清王朝的掘墓人。

撇去轰轰烈烈的家国大事，日常生活中的张之洞，也颇为"个性"。他祖籍直隶（河北）南皮县，世人称其"张南皮"，却生于贵州、长于贵州，说得一口贵州官话，没半点北方口音。他起居无常，每日下午 2 点入睡，晚上 10 点起床视事。幕府中人及臣僚有事，一般都在夜半等待接见，甚至有时到天亮才得以传见。有时谈话，闭目酣睡，将客人搁置一旁，客人不好惊动他，只得缓步退出。吃饭时，他不坐下，喜欢蹲在椅子上吃饭。他还爱养猫，多达数十只，猫在书本上撒尿，他也不气恼。

住进白米斜街两年后，张之洞逝世。又过了两年，辛亥革命爆发，起义之地，正是张之洞经营多年的武昌，而他所苦心培育的新军，有三分之一加入了革命组织。1912年，孙中山应黎元洪邀请前往武汉，同登黄鹤楼及张之洞的祠宇奥略楼。孙中山向张之洞的肖像行礼致敬，说道："以南皮造成楚材、颠覆满祚，可谓为不言革命之大革命家。"

不知张之洞地下有知，会作何感想。而历史转折处的藕断丝连，或许就在于此。

📍 于谦祠

于谦祠是为了纪念明正统、景泰年间力挽狂澜的功臣于谦所建。明英宗正统十四年（1449年）发生"土木之变"，大明江山岌岌可危。于谦以兵部尚书身份领导北京保卫战，成功挫败了瓦剌太师也先军队，使其退出关外，也使明朝避免了重蹈北宋丢失半壁江山的覆辙。现北京于谦祠位于东城区西裱背胡同。于谦祠在1984年成为北京市重点文物保护单位，曾被称为长安街东西中轴线上仅存的一座四合院。于谦祠三面被高楼环绕，只有北面紧靠长安街。

西裱背胡同于谦祠内景（摄于2019年）

南柳巷

窄窄的南柳巷里，有昔日的晋江会馆，是作家林海音的故居。

很多人都知道她的《城南旧事》。"夏天过去，秋天过去，冬天又来了，骆驼队又来了，但是童年却一去不还。冬阳底下学骆驼咀嚼的傻事，我也不会再做了。"在小说首章，林海音就还原了百年前老北京的"标志一景"——骆驼运输队。她就是故事里的"小英子"，《城南旧事》，复刻的就是她的童年。

林海音出生于日本大阪，不久后返台，父母都是中国台湾人。1921 年，3 岁的林海音随父母移居北平，东找西找，搬了 9 次家，才定居在晋江会馆。

1934 年，林海音进入《世界日报》当记者，主要跑妇女新闻，表现出色，是王盛弘的四大高徒之一。3 年后，卢沟桥事变爆发，《世界日报》停刊，林海音赋闲在家。男友夏承楹的父亲介绍她到师大图书馆工作。有一天，她发现了一套书，名叫《海潮音》，觉得美妙非凡，就给自己取了笔名"林海音"。

1949 年 11 月，林海音带着三个儿女赴台。35 岁那一年，她到《联合副刊》任主编，一家人挤在宿舍里，走廊尽头有一张破书桌，《冬青树》《绿藻与咸蛋》，还有《城南旧事》，就是在那里写出来的。

《城南旧事》出版于 1960 年。林海音用 5 年时间，勾勒她生活了 25 年的北京，20 世纪 20 年代的市井图景和人情世故，以散文的笔调复现纸上。1983 年，导演吴贻弓将其改编为电影，"长亭外，古道边，芳草碧连天……"插曲《送别》，成为许多人难忘的经典旋律。

在中国台湾，大家都喜欢叫她"林先生"，作为文学编辑，她协助封笔的老作家恢复写作，为中生代的作家争取创作自由，可以说，没有林海音，就没有钟理和、没有钟肇政、没有林怀民、没有黄春明。林海音家的客厅，坐满了半个中国台湾文坛，有好东西吃，有好话题讲，一位主客、一桌陪客，凑成一晚上的文艺雅集。

1990 年，林海音回到了阔别多年的城南。那次回北京，她待了四五天。把亲朋、好友、同学一同叫上，吃了个团圆饭。她熟门熟路地探访了城南旧地："对，从这上，回学校看看。五年级的级任老师是个秀才，叫钱贯一，我们都叫他'一贯钱'……"接着来到第一次见到秀贞的地方，走上去学着她的样子捋了捋头发，说："她就在这站着，靠着门，玩着辫子……"至于南柳巷的晋江会馆，早已贴上了计划生育的标语。

20 年后，女儿夏祖丽又重走了一遍母亲当年走过的路。在晋江会馆老宅。一位大婶从床底搬出写着"晋江会馆"的牌匾。这是当年挂在南柳巷 42 号胡同口的那块匾。1949 年后，所有的匾都被要求摘下，大婶的母亲认定这块牌子有意义，把它藏到床底下，任外头"反右""文革"风波不断，它却依然完好。

此时距离林海音去世，已过去 9 年。在告别仪式上，曾响起《送别》的歌声，仿佛回到了那段"城南旧事"的美好时光。

中国台湾作家林海音旧居（摄于 2006 年）

铁狮子胡同

　　平安大街东段的张自忠路上，曾经蹲坐着一对铁红色的石狮，据说是元朝某贵族家门前的旧物。这条道路，也因此被称作铁狮子胡同。

　　明天启年间，这里成了大太监王体乾的私宅。在东林党与阉党的惊天搏杀中，他与魏忠贤沆瀣一气，最终落得革职抄家的下场。一番生杀荣辱后，这座府第迎来了另一位主人——田弘遇。

　　田弘遇的女儿，是崇祯皇帝的宠妃。这位国丈大人恃宠而贵，府中园亭声伎之美甲于都下，铁狮子胡同车水马龙、门庭若市。他自江南劫买的丽人中，有一位姑苏名妓陈圆圆；他召请宴饮的朝臣里，有一位山海关总兵吴三桂。此后的历史人人熟知，"冲冠一怒为红颜"，吴三桂降清、李自成兵败、清兵入关……又一批人走进了铁狮子胡同。

　　清朝时，这里从东到西并排着三座府邸——和亲王府、裴苏贝勒府、和敬公主府。到了民国，这里更是热闹：1912年，袁世凯在这里宣誓就任中华民国大总统，4年后倒毙于

段祺瑞执政府旧址（摄于 2019 年）

中南海居仁堂，其后，北洋军阀大权落到皖系军阀头子段祺瑞手中。1924年，孙中山北上，因旅途劳顿，肝病复发，于1925年3月在这里病逝，留下"和平、奋斗、救中国"的遗嘱。一年多后，1926年3月18日，段祺瑞执政府用大刀、铁棍和洋枪，屠杀请愿的学生和市民，死伤200余人。鲁迅先生写下名篇《记念刘和珍君》，称之为"民国以来最黑暗的一天"……这时的铁狮子胡同，如同伦敦的唐宁街、华盛顿的白宫，是千万人瞩目的政治中心。

1947年，为纪念爱国名将张自忠，这条胡同改名为张自忠路。抗战时期，这里曾是日本华北驻屯军总司令部、日本特务机关兴亚院所在地。中华人民共和国成立后，这片建筑群划归中国人民大学。

历史的波涛已远，曾经是太监府、皇亲府、亲王府、总统府、执政府的铁狮子胡同，又归于平静与平常。

段祺瑞府内回廊（摄于 2016 年）

段祺瑞府内回廊（摄于 2016 年）

📍 府学胡同 · 文天祥祠

文天祥祠位于东城区府学胡同 63 号。正堂廊前的抱柱上挂着一副木制对联:"地老天荒不忘一部中华史;山呼海啸齐唱千秋正气歌。"落款为二十四代裔孙文怀沙。

1279 年,起兵抗击、终因军力悬殊被抓获的文天祥,被元军押着,去进攻南宋小朝廷最后的领地崖山(今广东省新会县海域)。当船经过珠江口外的伶仃洋时,文天祥写下了著名的《过零丁洋》:辛苦遭逢起一经,干戈寥落四周星。山河破碎风飘絮,身世浮沉雨打萍。惶恐滩头说惶恐,零丁洋里叹零丁。人生自古谁无死?留取丹心照汗青。

崖山海战兵败,文天祥的同科进士、大臣陆秀夫背着 9 岁的小皇帝投海自尽,南宋灭亡。

文天祥被押至元大都。元世祖忽必烈欣赏他的才干,美酒好菜地款待,多次派人来劝降,都被他严词拒绝。这一年农历十月初五,坚贞不屈的文天祥被关进兵马司的牢房,牢房就在如今的府学胡同。

囚禁他的那间土牢,低矮潮湿。隔壁是炉灶、谷仓、厕所。尤其是夏季,"水气、土气、日气、火气、米气、人气、秽气"七气熏蒸,异常难受。文天祥"以一正气而敌七气",写下掷地有声的《正气歌》。

4 年后,忽必烈亲自提审文天祥,许诺授予他丞相官职,做最后的劝降。文天祥说:"一死之外,无可为者。"第二天,文天祥被押往柴市(今交道口南大街)。临刑前,他询问哪边是南方,然后向南方行跪拜大礼,最后一次表达了不忘故国的拳拳之心。

如今文丞相祠里还有一株枣树,相传为文天祥手植。枣树枝干向南,自然倾斜。人们赋予其浪漫的联想——"臣心一片磁针石,不指南方不肯休"(文天祥《扬子江》)。

府学胡同·文天祥祠(摄于 2016 年)

文天祥祠内"指南树"（摄于 2016 年）

会馆
戏楼

TEA HOUSES
AND THEATERS

浙江银业会馆·正乙祠

西河沿的正乙祠戏楼，被称为"戏楼文化史上的活化石"。明代时，这里是一处古庙，到了康熙年间，在北京经商的浙江商人将房产购置，成立了银业会馆，作为奉神、集会、宴乐之所。

正乙祠戏楼的历史中，名角儿、大腕儿云集：乾隆七十大寿时，四大徽班进京，演员米应先在此演出《战长沙》。关二爷一出场，面如重枣，听戏的官员、百姓跪下一大片，以为关二爷显圣；"同光十三绝"中的多数演员曾献艺于此。传说程长庚因为不愿为一位御史大人唱堂会，被锁在正乙祠土地堂前的大香炉上，险些丧命；1919 年，余叔岩在此为母亲祝寿办堂会，名角云集，盛况空前，梅兰芳反串小生吕布，惊艳四座……

最后的辉煌止于 1936 年。那一年，富豪林子安请来梅兰芳、王瑶卿、李多奎、萧长华等名角，天津唱大鼓的"小彩舞"骆玉笙、鼓界大王刘宝全、戏法大师"快手刘"、相声演员侯宝林等名家在正乙祠唱堂会，轰动京城。一年后，"七七事变"爆发，正乙祠戏楼随着国运的衰微而破败，先后做过仓库、兵营、开过煤铺，也建过学校，1954 年后成为教育局的招待所。1994 年，一位浙江企业家偶然来到这里，看到岌岌可危的正乙祠，决定出资修缮。一年之后，耗废 500 多万元修复一新的正乙祠续上了中断 60 年的戏弦，然而戏锣只敲了三年，就因入不敷出而关张。

2010 年，正乙祠再度迎客，如枯木逢春，重获新生，9 年间，上演了诸多经典剧目，京剧、昆曲、舞剧、古琴、话剧……直至 2018 年 12 月 31 日，再次送走了它最后一批观众。

正乙祠戏台两侧柱子上，书有一副对联："演悲欢离合，当代岂无前代事；观抑扬褒贬，座中常有剧中人。"300 年的老戏楼仍旧安静地伫立在巷子深处，等待再次重生的那一天。

正乙祠戏楼牌匾由著名书法家王遐举题写（摄于 2005 年）

湖广会馆大戏楼（摄于 2005 年）

湖广会馆

坐落在虎坊桥西侧的湖广会馆，始建于清嘉庆十二年（1807年），原为湖南、湖北同乡会馆，经历两次重修，增设了殿宇、戏楼、亭榭。会馆每年于正月举行团拜，联络乡谊，官绅同聚一堂，约请名伶在戏楼演剧三日。这里的大戏楼一度名角荟萃、享誉京华，谭鑫培、陈德霖、余叔岩、梅兰芳都曾在此献艺。

清末民初，南城会馆曾是众多风云人物北漂生活的避风港，也是他们引领禁烟动议、洋务改革、维新变法的舞台。湖广会馆也不例外。1870年，曾国藩六十诞辰，旅京的同乡官绅在这里为其贺寿；1900年，八国联军侵华，这里一度被充作美军司令部；推翻帝制、建立民国后，孙中山先后5次莅临，在这里谋划南北统一，主持了国民党的成立大会……

时过境迁，湖广会馆在岁月中日渐荒废凋敗。1991年，电影《霸王别姬》筹拍，美工师杨占家走遍了北京的大街小巷，测绘街道、监狱、名伶故居，画满了好几个速写本。其中戏园子的场景，就是他在湖广会馆爬上爬下、反复勘景测绘后，照此搭建的。那时，这里做了北京制本厂的仓库，堆满纸张、本子，破败得不成样子。

1996年，湖广会馆大戏楼重新开张。2009年5月，由郭德纲一手创办的德云社，将分号开进了这里。历经200余年的戏楼，还保留着当年的气象。戏台前的抱柱上，刻有3米多长的对联："魏阙共朝宗，气象万千，宛在洞庭云梦；康衢偕舞蹈，宫商一片，依然白雪阳春。"会馆内的文昌阁，如今被辟为中国戏曲博物馆，浏览馆中藏品，无论是王瑶卿使过的七星刀，还是杨小楼穿过的戏服，都仿佛置身京剧艺术的时空隧道。

校尉营胡同宜兴会馆（摄于 2015 年）

📍 宜兴会馆

　　位于西城区珠市口西大街南侧，东西走向。明朝时称校尉营，因兵营而得名。1965 年后定名校尉营胡同沿用至今。宜兴会馆在胡同内 44 号，建于清光绪年间。原为清顺天府尹周家楣故居。

校尉营胡同晋翼会馆（摄于 2015 年）

阳平会馆戏楼（摄于 2018 年）

阳平会馆的清代彩绘（摄于 2018 年）

📍 小江胡同·阳平会馆

阳平会馆位于东城区前门外小江胡同，是由山西商人联合修建的。阳平会馆与其他众多会馆相比，最突出的特点在于它的"戏楼"。戏楼在会馆的南面，坐西面东，舞台为正方形上、下两层。北京的会馆戏楼中阳平会馆、湖广会馆、安徽会馆、正乙祠的戏楼为京城"四大戏楼"。阳平会馆戏楼是北京市文物保护单位，也是目前北京保存较完整、规模最大的民间戏楼之一。如今，在小江胡同 34 号的大门上仍有"阳春承帝业、平昔萃人文"的门联，对仗工整，"阳平"的名称亦寓意其中。

戏楼内高悬巨匾为明末清初著名书法家王铎题写的"醒世铎"。

📍 福建汀州会馆北馆

　　福建汀州会馆，位于前门外长巷二条，始建于明弘治年间（1488—1505年），是福建省在京同乡们集资修建的会馆。在当时，汀州会馆是北京会馆中独一无二的福建风格的民间建筑。

　　福建汀州会馆分为北馆、南馆，北馆是北京市唯一现存的"福建风格的民间古建筑庭院"。汀州会馆北馆的中院为主院，有一座五开间的大殿，原为会馆的祠堂，供奉天后娘娘和会馆创建先辈的牌位。汀州北馆为一个三进的四合院，大院和后院之间没有一般四合院里区分内外宅的月亮门，只有一条窄窄的通道。汀州会馆具有南方建筑与福建建筑的特色。1984年，北馆被列为北京市文物保护单位。

长巷二条福建汀州会馆北馆（摄于2006年）

在撒满古迹的胡同里

不仅有怀古，更有故事

年轮沧桑 古都辉煌

胡同里的寺庙
胡同里的王府、官邸及宅院

雪后的南池子地区四合院（摄于 2010 年）

胡同里的 寺庙

北京有 3000 多年建城史，800 多年建都史，历史文化积淀深厚，是享誉中外的历史文化名城。北京的建筑特色，除举世无双的皇家建筑群外，还有广泛分布于胡同中的寺庙、道观等古迹。据不完全统计，1750—1950 年这 200 年间，在北京内城至少曾经存在过 1500 余座寺庙道观，平均每平方公里大约坐落着 40 处，寺庙的密度非常可观。一般常见的 300~500 米的胡同里，差不多都有座寺庙。寺庙虽然大小不一、名目不同，却可抬头见庙，随时祷告。其中建于北魏的天宁寺、建于唐代的悯忠寺后改为法源寺，年代最为久远。特别是法源寺每年春季丁香开放时，会吸引不少人去赏花。

岁月流逝，时代变迁。故宫、北海、天坛等皇家古迹成为北京的世界文化遗产。雍和宫、白塔寺、白云观等寺庙点缀着四九城。胡同里的寺庙随着城市改

造大多不复存在，或已名存实亡。现有很多以寺、庙、观、殿、庵等命名的胡同街巷，已经很难让人想到其名字和庙宇的关联。比如，东文昌胡同和西文昌胡同，原本是以文昌阁命名的；东兴隆街和西兴隆街，是因兴隆寺得名的。其他还有：灵光胡同因灵官庙得名，铁鸟胡同因铁老鹳庙得名，慈慧胡同因慈慧殿得名，光明胡同因光明殿得名，净土胡同因净土寺得名，宝产胡同因宝禅寺得名，长椿街因长椿寺得名，千福巷因千佛寺得名，云居胡同因云居寺得名，延庆街因延庆寺得名，莲花胡同因莲花寺得名，崇效胡同因崇效寺得名，兴华胡同因兴化寺得名，隆安胡同因隆安寺得名，蓑衣胡同因袈衣寺得名，清秀巷因清虚观得名，天仙胡同因天仙庵得名……如今在这一条条撒满文物古迹的胡同中寻根探源，令人感慨万千。

法源寺大雄殿（摄于 2018 年）

法源寺

栖身于宣武门外教子胡同南端的法源寺，是北京城内现存历史最悠久的名刹。2000 年前后，作家李敖的《北京法源寺》被曝获诺贝尔文学奖提名，一时洛阳纸贵，法源寺也连带声名远播，清幽院落一时多了不少按图索骥而来的游客。

法源寺的历史可追溯至唐贞观十九年（645 年）。那一年，唐太宗亲率大军征讨高句丽，最终人仰马翻地铩羽而归。他下诏建庙超度东征将士英魂，定名"悯忠寺"。武后通天元年（696 年），悯忠寺建成。50 多年后，安史之乱爆发，安禄山、史思明在寺的东南、西南各建一座十丈宝塔。他们是枭雄，也是逆臣，野心和欲望如同刺向青天的双塔，却最终湮灭在岁月中，不复存在。

1125 年，金兵大举南下，押解宋钦宗赵桓从山西到燕京，囚居于此，后与徽宗一起被押送至金国腹地。100 多年后，南宋也被蒙古人所灭。曾任江西信州太守的谢枋得蛰居闽中，因拒绝出来做官，被带到北方，软禁在悯忠寺。他看到寺里的曹娥碑，感叹："小女子犹尔，吾岂不汝若哉！"绝食 5 天，至死未降为元臣。

雍正年间，悯忠寺更名为法源寺，清乾隆四十三年（1778 年）再次重修，竣工后乾隆亲临寺院，赐御书"法海真源"，匾额至今悬挂在大雄宝殿之上。

在小说《北京法源寺》中，李敖安排康有为、谭嗣同不时来法源寺散心，谋划变法大业。现实中，持续 103 天的变法以惨烈的失败告终，康有为、梁启超出逃海外，"六君子"殒命菜市口。死前大呼"快哉快哉"的谭嗣同，最后停灵于法源寺。

在李敖看来，佛法的真义不是逃避遁世，而是浩然入世照料众生的心怀。他最后塑造了一个法源寺的和尚还了俗，成为"集合董必武、熊十力、李大钊原型为一身"的共产党人李十力。2015 年，导演田沁鑫将小说改编为同名话剧，结尾处，小和尚对师父说，功德簿上有个人来寺里上香并捐了香火钱，他说他是杨昌济的女婿，投影三个大字"毛润之"。

历史的烟云散去，如今人们来到法源寺，大多为欣赏寺中繁花。法源寺的丁香与崇孝寺的牡丹、恭王府的海棠，并称京城三大花事。1924 年，印度诗人泰戈尔访问北京，徐志摩、林徽因、梁思成等人就陪同他来此赏花。

春日踏访法源寺，观看悯忠台旁、钟鼓楼下、念佛坛前烂漫盛开的丁香，也是一大赏心乐事吧。

法源寺毗卢遮那佛（摄于2018年）

📍 天宁寺

　　天宁寺始建于北魏孝文帝年间，当时叫"光林寺"，是北京最古老的寺院之一。寺中有北京最高的密檐式砖塔，为辽代所建，至今已巍然耸立 900 余年。

天宁寺塔（摄于 2015 年）

雍和宫

　　雍和宫位于北京市东城区，始建于清康熙三十三年（1694年），康熙帝在此建造府邸，赐予四子·雍亲王，清雍正三年（1725年）改王府为行宫，称雍和宫。又因乾隆皇帝诞生于此，雍和宫出了两位皇帝，成了"龙潜福地"，所以殿宇为黄瓦红墙，与紫禁城皇宫一样规格。清乾隆九年（1744年），雍和宫改为喇嘛庙，是清朝中后期全国规格最高的一座藏传佛教寺院。

雍和宫（摄于2005年）

普渡寺（摄于2015年）

普渡寺

　　睿亲王多尔衮是清太祖努尔哈赤的第十四子。皇太极死后，多尔衮拥立顺治为帝，并在清军入关统一全国的战争中起到关键性的作用。定都北京后，多尔衮被封为摄政王，后因罪削爵。100多年后，乾隆帝为其平反，恢复封号，共封袭12王。

　　睿亲王府有老、新之分。最初王府为东华门外南池子原明代的洪庆宫，乾隆年间改为普渡寺；后王府迁到石大人胡同（外交部街），今为北京市第24中学。

砖塔胡同

砖塔胡同，东起西四南大街，西至太平桥大街，全长 805 米，因胡同东口南侧的万松老人塔而得名。元人李好古的《沙门岛张生煮海》杂剧第一折，张生的书童问龙女的丫鬟梅香："我到哪里寻你？"梅香说："你去兀那羊市角头砖塔儿胡同总铺门前来寻我。""羊市角头"即羊角市，也就是今天的西四，"砖塔儿胡同"即今天砖塔北侧的胡同。700 多年，砖塔胡同不仅没有消逝，竟连名字都保存完好。

万松老人是金元之际的高僧。1215 年，蒙古人入主中原，铁骑声中，金王朝覆灭，契丹贵族耶律楚材投身万松老人门下，参学 3 年，后被成吉思汗招入麾下，远征西域。万松老人挂念弟子，修书一封，授予治国安邦之道："以儒治国，以佛治心。"后来，窝阔台即位，耶律楚材力劝其放弃屠城，使中原百姓免于涂炭。

1246 年，万松老人圆寂，弟子在西四路口起塔供奉。不知何年，有人倚塔造屋，有人塔下开店，塔檐上挂着猪肩，四周环绕着酒瓮，割肉的刀子钝了就在塔身上开磨；喝醉之人，靠着砖塔胡拍乱骂、狂歌劲呼，200 年不见香灯。明万历三十四年（1606 年），一个叫乐庵的和尚发现了屋中的古塔，失声痛哭，将其买下，长居此中。清乾隆十八年（1753 年），砖塔奉敕重修，由七级加高到九级。1927 年，交通总长叶恭绰又一次重修，在东侧开辟一门，门额曰"元万松老人塔"。

砖塔胡同，似与文人特别有缘。元代杂剧风行，每到演出时分，砖塔胡同里的勾栏瓦肆就热闹非凡，锣鼓喧天，灯火通明，丝竹之声不绝于耳。

1923 年 8 月，与周作人兄弟失和的鲁迅与妻子朱安搬出了八道湾，迁居砖塔胡同 61 号。这是一个很小的院子，三间北房总面积不过 30 平方米，鲁迅住在中间。堂屋摆着一张小八仙桌，9 个多月，他每晚伏案写作，写出了《祝福》《在酒楼上》《幸福的家庭》等名篇，完成了从"呐喊"向"彷徨"的蜕变。

在鲁迅离开砖塔胡同 20 多年后，1946 年 2 月，作家张恨水从南京飞抵北平，买下北沟沿甲 23 号院子。这是一所四进的大宅门，后门就在砖塔胡同西口。

这个时期，北京经常停电。每逢停电，张恨水就携杖出门散步。他在散文《黑巷行》中写道："抬头看胡同上一片暗空，小星点儿像银豆散布，已没有光可借。手杖和脚步移动，其声笃入耳。偶然吱咯吱咯一阵响声，是不带灯的三轮儿，敲着铁尺过来，嗤的一声由身边擦过去，吓我一跳。再走一截，树阴下出来两个人。又吓我一跳。一个仿佛是女子，一个是手扶自行车的。女的推开路边小门儿进去了，自行车悠然而去。此行不无所获。我没出胡同，我又回去了。"

1949 年 5 月，张恨水突发脑溢血，陡然病倒，不得不卖掉北沟沿的大房子，换了砖塔胡同 43 号一所小四合院，在这里走完了自己的人生旅程。

2007 年，文保部门开始对万松老人塔进行勘察修护，7 年后，这里作为北京首个非营利性公共阅读空间，对公众免费开放。重新"伸直"了美丽腰身的古塔，找到了自己完美的归宿。

砖塔胡同（摄于 2006 年）

◉ 嵩祝寺

位于景山后街的嵩祝寺，是清代京城重要的藏传佛教寺庙之一，旧址为明代"番经厂"和"汉经厂"。明时，两厂的内臣就参与了皇家重要的宗教活动。凡遇万寿、元旦等重要节日，他们会扮演僧众、鸣锣鼓、吹海螺、奉诵经咒。番经厂人员，戴藏僧帽，穿红袍、黄领、黄护腰，念西方梵贝经；汉经厂人员，戴内地僧帽，穿袈裟，念释家品经。

清王朝定鼎北京后，为巩固政权，"兴黄教，以安众蒙古"，先后敕封了达赖喇嘛、班禅额尔德尼、哲布尊丹巴呼图克图、章嘉呼图克图四大活佛，令他们分别掌管前藏、后藏、外蒙古、内蒙古。

清雍正十一年（1733 年），嵩祝寺建成。此后，凡来京之章嘉活佛大多居住于此，他们的随员，则居于旁边的智珠寺。

四大活佛中，历世章嘉活佛是在京活动时间最长、与皇帝接触最多的。清帝多次委派章嘉活佛充任调解蒙藏地区问题的代表。在章嘉活佛的建议、主持下，京师的雍和宫、承德的须弥福寿庙等一大批喇嘛寺庙，耸立于中原大地，促进了蒙古、藏、满、汉的文化交流。辛亥革命后，七世章嘉活佛抵京，赞助共和，劝内蒙古各旗归附民国，大总统加封他为"宏济光明大国师"，管理京城、内蒙古、察哈尔、五台山、热河、多伦等处各寺庙掌印。

嵩祝寺（摄于 2017 年）

柏林寺

柏林寺，位于北京东城区雍和宫大街戏楼胡同1号，建于元至正七年（1347年），明、清两代均有修葺和增建，为庆祝康熙60寿辰，康熙帝曾题额"万古柏林"。寺内保存的《龙藏》经版，是中国释藏中现存的唯一木刻经版。

柏林寺坐北朝南，主要建筑全在一条南北中轴线上。自南而北依次为山门、天王殿、圆俱行觉殿、大雄宝殿和维摩阁共五进院落。中轴的东西两侧为配殿，整座寺院布局整齐严谨，全部建筑都建在高大的砖石台基上。

柏林寺内的古木很多，尤多古柏、古槐、白皮松、古银杏等。柏林寺就因多有古柏，而名"柏林寺"。寺内除有多棵巨大的元明古柏外，还有两棵紫藤缠柏的奇观。在柏林寺内最著名的古树是维摩阁院内的一棵古七叶槐。柏林寺的维摩阁在寺后为一独立小院落。院门正中，院内北、东、西三面为二层楼阁"维摩阁"。在阁前西侧高耸着一棵十分珍贵的"七叶槐"。七叶槐是国槐的一个变种，因叶是由七片叶子簇成一束，形似蝴蝶，所以又名"蝴蝶槐"，是北京的"古蝴蝶槐之最"。每当微风吹过，树上的树叶如飞舞的蝴蝶，把维摩阁点缀得古色古香。这棵古蝴蝶槐为寺内的"吉祥之树"。

2006年5月25日，柏林寺作为清代古建筑，被国务院批准列入第六批全国重点文物保护单位名单。

柏林寺大雄宝殿前乾隆时期碑刻（摄于2020年）

大雄宝殿内清康熙皇帝所题匾额"万古柏林"（摄于 2020 年）

柏林寺维摩阁（摄于 2020 年）

柏林寺院内垂花门（摄于 2020 年）

柏林寺院内行宫四合院（摄于 2020 年）

长椿寺（摄于 1998 年）

📍 长椿寺

　　长椿寺位于西城区长椿街，建于明万历二十年（1592年），至今已有近 400 年的历史。长椿寺山门向东，内有天王殿、大雄宝殿、藏经阁、礼佛多宝塔碑、铜镏金多宝佛塔、铜像、北京宣南文化博物馆等。

📍 智化寺

禄米仓胡同位于朝阳门南小街东侧，东西走向，东起小牌坊胡同，西至朝阳门南小街。禄米仓胡同原是旧时官员入米领粮之处，仓廒始建于 1562 年，每廒宽 23 米、径深 17 米、高 7 米，鼎盛时多达几十座，占去大半个胡同，至今仍保存着几座较为完整的仓廒。明朝太监王振于正统九年（1444 年）在此地修建智化寺，是京城内保存较完整的明代寺庙，为全国重点文物保护单位。寺内有一批名扬中外的艺僧，能演奏唐宋以来的佛教音乐，有极高的艺术价值。寺内还藏有明代刻制的《大藏经》7 万多块，7240 卷。

智化寺最后一个殿宇：一楼如来殿，二楼万佛阁，是智化寺最大的建筑。这座建筑是明承宋制的典范。在内壁遍布佛龛，供奉木质漆金小佛像 9000 多尊，所以叫万佛阁。万佛阁顶部藻井也是让人叹息的一处，和前面智化殿的藻井一样，同样惊艳绝伦，也同样流失到美国，目前保存在美国纳尔逊—阿特金斯博物馆。

藏殿是智化寺大殿的西配殿。这里有一座北京仅有的明代转轮藏，极为罕见。它高约 4 米，每面有 9 排 5 列的抽屉用于存放佛经，每个抽屉表面都浮雕一尊释迦像，雕刻彩绘工艺非常精湛，是明代建筑的艺术瑰宝。

智化寺如来殿、万佛阁（摄于 2015 年）

藏殿转轮藏、藻井（摄于 2015 年）

📍 拈花寺

位于大石桥胡同的拈花寺，始建于明万历九年（1581年），司礼监宦官冯宝秉承孝定皇太后命令创建，初名千佛寺。清雍正十二年（1734年）奉敕重修，赐名拈花寺。

寺内原有一头铜牛，铸造于明万历年间。相传拈花寺第一任住持偏融自四川来北京时，身无他物，只有一头牤牛相伴。偏融每天在寺中坐禅，牤牛背驮一钵外出化缘。日久，人们就亲切地称它为"募缘牛"。一天，牤牛从清河镇化缘回来，忽闻偏融已死，牤牛大吼三声，倒地而亡。后来为偏融修塔时，在牤牛死处修了一座桥，名牤牛桥。

旧时，外乡人来京做官经商，一旦家有丧事，大多要择吉"扶柩回籍"安葬于祖坟。可有时由于时局、交通等原因，不能马上回乡安葬，就需要找个地方停灵。这些停灵的地方多为庙宇。

1939年12月4日，寓居北平8年之久的吴佩孚，逝世于什锦花园胡同11号公馆。彼时，占领北平的日本人总想说服这位"学者军阀"出山，但生性狷介、以关岳自况的吴大帅岿然不为所动。

吴佩孚的死因，至今谜团未解，但无论死于日伪的阴谋，还是误于庸医之手，都无碍其晚节。蒋介石亲临追悼大会并送挽联一副："落日睹孤城，百折不回完壮志；大风思猛士，万方多难惜斯人。"国民党元老吴稚晖说："自从我们吴姓出了一个大汉奸吴三桂，近300年来，姓吴的人都没脸见人。如今好了，吴姓出了一位大忠烈吴佩孚，我们的脸上可大有光彩了！"

1940年1月24日，吴氏灵柩举殡，为民国以来北平最大规模的出殡。64名杠夫肩抬盛殓吴氏遗体的金丝楠灵柩，执事、松活、纸活、响器、僧道绵亘数里。沿途的楼窗里、阳台上、街道旁的观殡民众，人潮如海。殡队边行边停，极为缓慢，从早晨出发至黄昏才抵达，几乎行进了一天。

吴佩孚生前客居北平，未置茔地，遽然去世，暂在拈花寺东跨院借地建造三间大顶殿式房屋，命名"武圣祠"，以停放灵柩。未曾料想，因战争之故，吴佩孚的灵柩在拈花寺停厝近7年之久。直到抗战胜利，国民政府拨发丧葬费1万元，并以"故旧袍泽"及"平市各界"名义发起公葬。1946年12月16日，这位民国风云人物，最终安葬于玉泉山西麓私家墓地——国土重光，吴佩孚也终于入土为安了。

拈花寺山门（摄于 2005 年）

拈花寺钟鼓楼（摄于 2015 年）

广化寺

　　鸦儿胡同，东南起小石碑胡同，与著名的烟袋斜街相连，西北蜿蜒至甘露胡同。胡同内有一座广化寺，占地20余亩，殿宇329间，分中院、东院和西院，布局严谨，雕梁画栋，金碧辉煌。

　　广化寺始建于元代，传说是一高僧托钵化缘、筹措布施所建，明万历二十七年（1599年）成为净土宗道场。1908年，张之洞将个人藏书存于寺中，奏请成立京师图书馆。民国时，图书馆对公众开放，鲁迅作为主管图书馆工作的社会教育司第一科科长，常来此工作。

　　1917年，京师图书馆迁往方家胡同，广化寺恢复为寺院。1927年，玉山法师任住持，制定"三不"制度：一不攀龙附凤，二不外出应酬佛事，三不私自募捐化缘，使广化寺闻名四海。1939年，广化寺创办广化佛学院，招收学僧数十人，聘请周叔迦、魏善忱、修明、海岑、溥心畬等

广化寺天王殿（摄于 2005 年）

任教，后又创办广化小学，免费招生，为贫苦学生提供书籍和学习用具，直至中华人民共和国成立后，被教育局接管、合并，改为鸦儿胡同小学分校。1952 年 9 月，虚云法师来京驻锡广化寺，佛教徒纷纷前来参礼这位禅宗高僧，平静的广化寺一时称盛。

如今，广化寺是北京佛教协会所在地。随着后海的商业开发，鸦儿胡同的很多房舍被改建为酒吧，华洋杂处，终日喧嚣，再不复当年的恬淡静谧。广化寺的钟鼓楼，门口贴着一副对联："晨钟暮鼓惊醒世间名利客，梵音佛号唤回苦海梦游人。"一边是广化寺的梵音佛号，一边是后海酒吧的灯火笙歌，这或许就是大隐于市的奥义。

鸦儿胡同（摄于 2005 年）

白塔寺下的前抄手胡同（摄于 2005 年）

妙应寺

俗称白塔寺，位于阜成门内大街 171 号，是一座藏传佛教格鲁派寺院。始建于元朝，初名"大圣寿万安寺"，元至元八年（1271 年）为庆祝元大都落成，元世祖忽必烈在北京建一寺一塔。此后，这里成为元代皇家在大都城内最重要的寺院。寺内的白塔是中国现存年代最早、规模最大的喇嘛塔。1961 年"妙应寺白塔"被列为全国重点文物保护单位之一。

妙应寺白塔（摄于 2019 年）

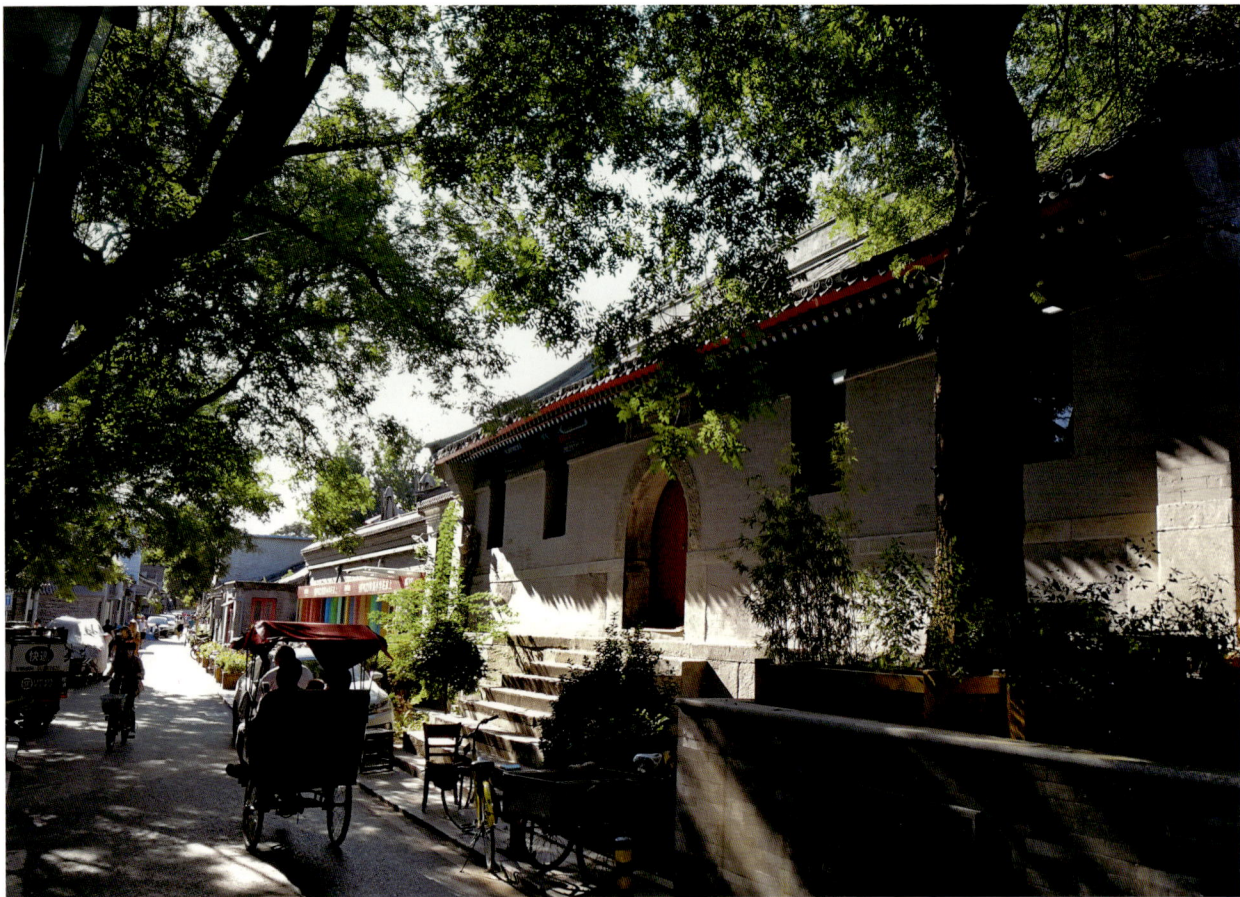

豆腐池胡同宏恩观山门（摄于 2007 年）

📍 宏恩观

　　宏恩观坐北朝南，南起豆腐池胡同，北至张旺胡同，位于钟楼的正北。这里曾是清末太监刘素云的退养之地。这位慈禧身边的二总管，笃信道教，利用自己的财富和人脉，在北京修葺重建了一大批道观，宏恩观就是其一。1923 年，溥仪把太监悉数逐出宫廷，宏恩观就成了他们的收容所。

　　1950 年以前，这里基本维持着几百年前的面貌，屋瓦连绵，院落比邻，人们在夏季搭起天棚遮阳，冬季落下棉帘避寒，养鱼、玩鸟、斗蛐蛐，摆弄古玩，体验着内城生活的闲适。

　　中华人民共和国成立后，宏恩观迁入了北京标准二厂，院落里盖起高大的车间，大殿里摆上车床和吊车，机械轰鸣，工人穿梭。

　　迈入 20 世纪 90 年代，工厂不再生产，各色商家涌入，一片混杂。2012 年，建筑师朱起鹏来到宏恩观，发现昔日古老的庙宇已成为一座喧闹的菜市场。从山门进入，前院、正殿的格局全无踪影，眼前是窄门小户的咖啡馆、热闹的剧场、错综复杂的楼梯、琳琅满目的菜场和货架充盈的超市。山门东面的院子里，有安静的酒吧和大门常闭的私人会所，英国前首相卡梅伦曾在那里消磨了一个半小时。

　　"宏恩观形成了北京的奇观。'高大上'的艺术展览和菜市场的讨价还价互为邻里，喝着咖啡的设计师和蹬着板车的大爷彼此问候。"朱起鹏说。宏恩观就像一部史书，一面记录着北京城的城市变迁，一面经历着永不止息的改造与新建。它的未来，不知还将叠加上几重历史画卷？

隆安寺

　　隆安寺位于东城区隆安胡同。明景泰五年（1454 年）始建，明万历三十七年（1609 年），四川高僧翠林重修佛殿后堂 3 楹。现今保存下来的形制，虽是清康熙四十七年（1708 年）重修的，但仍然可以看到明朝寺庙的建筑风格。1984 年被列为北京市文物保护单位。隆安寺坐北朝南，占地 1 万平方米，南北长 160 余米，东西宽 60 余米，整个建筑布局保存基本完好。

隆安寺（摄于 2017 年）

克勤郡王府（摄于 2017 年）

📍 克勤郡王府

　　克勤郡王府位于西城区新文化街（原石驸马大街）西口路北，为清代现存规模较好的一座王府，此府是顺治年间所建。原占地面积不大，平面布局与王府规制尚符。克勤郡王府历经了清王朝由鼎盛至衰亡的历史进程，承载了极其丰富的历史文化信息。现为全国重点文物保护单位。

胡同里的王府、官邸及宅院

THE HOUSES
OF PRINCES,
OFFICIAL RESIDENCES
AND MANSIONS IN THE HUTONGS

古都北京历史文化积淀丰厚，是享誉中外的历史文化名城。北京的建筑特色，除了独一无二的皇家建筑群外，还有广泛分布在胡同中的府坻宅院建筑群，北京现存的王府建筑大多是在清朝顺治至乾隆年间建造的。

老北京人常说"北京城最不缺的就是王府"。在清代王府大多在内城，曾有大大小小的王府 200 余座，随着岁月变迁，王朝的更迭，家族的衰亡，除"铁帽王"府邸可以世袭外，有些王府易主，重新分封，有些拆分售卖，有些皇子封为亲王、郡王等，至清末，京城存有 50 余座王府。如今，昔日王府几经周折，历尽沧桑，内涵形式都有了很大变化，其中保存较好的已为数不多。据调查，目前北京城尚存王府仅为 21 座。若不计 1 处公主府和 1 座贝勒府，则剩 15 座亲王府、4 座郡王府。19 座王府中有 8 座王府基本保存了昔日的整体面貌，它们分别是：恭亲王府、醇亲王府、老醇王府、孚郡王府、雍亲王府、礼亲王府、庆亲王府、淳亲王府。保存不完善的有 7 座，分别是：克勤郡王府、宁郡王府、惠亲王府、郑亲王府、和亲王府、敬谨亲王府、循郡王府。这些王府有的只剩府门，有的仅剩正殿或一些其他建筑。另有 4 座，已名存实亡。

北京城内拥有数量众多的宅院，大多分布于现在的东西城区的各条胡同中，这是过去生活、工作在老北京的官员、商贾以及清朝贵族后裔的居所。这些旧时的住宅建筑各具特色，装饰、装修十分精美考究，有着深厚的文化底蕴。

恭亲王府

"一座恭王府，半部清朝史。"著名历史地理学家侯仁之有如此的评价。

在明代，这里是大慈恩寺，皇帝幸临的"御苑"所在。清乾隆时，宗室诗人永忠还住在此院的西府，他的祖父就是在夺嫡大战中失败、被雍正帝软禁了一辈子的十四皇子胤禵。民间久传，这东、西二府，即是《红楼梦》中荣、宁二府的原型。

这座宅子的第一位著名主人，也是在民间久负盛名的人物——和珅。25 岁当上御前侍卫，26 岁晋升户部右侍郎、军机大臣，迅速成为"一人之下，万人之上"的朝廷首辅，如此升迁速度，放眼中国，无出其右。

这座气势恢宏的宅邸，见证了和珅的荣宠盛极，也见证了他的速朽凋亡。乾隆死后的短短 15 天里，和珅就从位极人臣的巅峰滑入抄家赐死的谷底。

到了咸丰年间，宅院的主人换成了另一位翻覆朝堂的大人物——恭亲王奕訢。这位亲王在兄弟中排行第六，又主张兴办洋务，常与外国人打交道，保守派赠了他一个"鬼子六"的绰号。后来，奕訢亲手把慈禧扶上"垂帘听政"的宝座，自己则身兼议政王、军机领班大臣等要职，重权在握，煊赫一时。

1911 年，清王朝覆灭。10 年后，奕訢的孙子、小恭王溥伟以 40 万银圆的价格，把恭王府的府邸抵押给北京天主教会的西什库教堂。十几年后，穷途末路的溥伟早已无力偿还"利上加利"的巨款。1932 年，由罗马教会兴办的辅仁大学，用 108 根金条将王府府邸的产权收入囊中，而花园的产权，则在溥伟的二弟手中。

中华人民共和国成立后，恭王府先后搬入了多家机构单位，高大的廊柱之间被砌上砖墙，办公居住的小屋如雨后春笋般"生长"，幼儿园的孩子们穿梭在昔日花园的湖池间嬉闹玩耍。这里衔山抱水、曲廊亭榭的景致，也吸引着众多导演和摄影师。《霸王别姬》里，少年程蝶衣走过的长廊，就是恭王府的"平步青云梯"；《阳光灿烂的日子》里，马小军们更是常在这里聚会闲扯，在屋顶合唱《莫斯科郊外的晚上》……

历时 28 年的腾退，2008 年，"分别已久"的花园和府邸合为一体，恭王府正式开放。这座见证了清王朝从鼎盛至衰亡的王府，又恢复了它庄重典雅的本来面貌。

恭王府内西洋门（摄于 2017 年）

西洋门

恭王府花园西洋式石雕拱券门，南北两面石额雕刻"静含太古""秀挹恒春"。此门由汉白玉雕刻而成，俗称西洋门。奕訢主管洋务多年，有"鬼子六"之称，对西方文化情有独钟，所以花园门厅采用西式建筑风格，与中国园林混搭一起，相得益彰。京城此类建筑仅有两处，另一处为圆明园大水法建筑群。圆明园焚毁后，此处西洋门成为绝版。

恭王府园内最高点邀月台为和珅听琴赏月之处（摄于 2017 年）

恭王府锡晋斋

　　恭王府锡晋斋面阔七开间，前后出廊，后檐带五间歇山顶抱厦，内部正中为三开间敞厅，东、西、北三面设有两层"仙楼"，选用千年不朽的金丝楠木，楼层上下均配有精雕楠木隔断，天花板彩绘海墁天花，地铺紫禁城所用的方块花斑子母石，格局仿建紫禁城宁寿宫，高大气派，金碧辉煌。和珅居住时期，锡晋斋名为"嘉乐堂"，是和珅及其妻子生活起居的地方。

恭王府内锡晋斋楠木殿（摄于 2017 年）

恭王府内大戏楼（摄于 2017 年）

恭王府大戏楼

　　戏楼建于同治年间（1862—1874 年），是恭亲王及其亲友看戏的场所。这座戏楼是我国现存独一无二的全封闭式大戏楼。在清廷档案中，戏楼均称为"大戏房"。建筑面积 685 平方米，其建筑形式采用三卷勾连搭全封闭式结构，据说整个大戏楼虽为砖木结构建筑却没有用一根铁钉。棚顶悬大宫灯 20 盏，地下青砖铺就，20 张八仙桌配上太师椅，井然有序地放置着。尤其值得一提的是大戏楼的声音效果。大戏楼为了保证声音逼真，将戏台底下掏空后放置了若干口大缸，巧妙特殊的构造增大了共鸣混响空间，使观众身处戏楼里的任何位置，都能清晰地听到不借助任何传声工具的演员的演唱。戏台正面挂有"赏心乐事"牌匾。

📍 涛贝勒府

西城区柳荫街 27 号，原是康熙第十五子允禑住的愉王府。清光绪二十八年（1902 年），醇亲王奕譞的第七子载涛过继给钟郡王奕詥为嗣，承袭贝勒爵，迁居于此，改建成涛贝勒府，俗称"七爷府"。

这位载涛贝勒一生通达，是清末皇室中罕见的新派人物，曾赴欧、美、日考察军事。在建筑自家花园时，不但采用西方园林的造景方式，还在花园南边开辟大片空地与马圈。

在京城，载涛骑马、养马、相马都是出了名的。他能驾驭各种烈马，在飞奔的马背上表演倒立、探海。评书名家连阔如说《东汉》《三国》时，曾专程到载涛府上请教有关马术的知识。

1925 年，载涛以 16 万元将贝勒府永久出租，自己则在东城的宽街山老胡同买了一处四合院，过起隐居的日子。溥仪邀请他去"伪满洲国"就职，大汉奸王揖唐求他"出山"，他都坚不受命。

而在载涛贝勒府原有的空地和马圈之上，诞生了著名的辅仁大学。一位校友如此描述辅仁之美："其雕栏画栋之清丽细致，正如南北朝诗中的宫廷派，其松柏之优雅静谧好比唐诗中的田园诗，其亭廊之曲折委婉又有几分似宋词中的小令，其野花小草，无意拈来还有些许元曲的俏皮妩媚。"几十年来，在校长陈垣的带领下，胡适、朱光潜、启功、刘半农、顾随、郑振铎、沈从文等名师荟萃于此，星光熠熠。

中华人民共和国成立后，辅仁大学并入北京师范大学，改为北师大化学系，后又成为北师大继续教育学院。涛贝勒府的北半边、原来的辅仁男中，也改为市十三中。1977 年，作家刘心武以在十三中当老师的经历为素材，写下"伤痕文学"发轫之作《班主任》，开启了"新时期"的大幕。

而搬出王府的载涛，也完成了人生中又一次身份翻转。中华人民共和国成立后，毛泽东亲自签署任命他为中国人民解放军炮兵司令部马政局顾问。这位宣统朝的军咨大臣，从此成为中国人民解放军的一员。

"新生"后的载涛贝勒，以六十高龄多次到牡丹江、青海、甘肃、新疆等地指导工作，传授改良军马的知识。国庆大典上骑兵部队的军马，均由他来选定。上班时，他不坐机关的小汽车，每天骑自行车，来回 40 多里，一直骑到 80 岁。

100 多年来，时光流转，主人更替，唯有园林依旧，故事长存。

载涛贝勒府府门（摄于 2016 年）

载涛贝勒府院落（摄于 2015 年）

📍 庆王府

1917 年 1 月 31 日，庆亲王奕劻在天津去世，终年 79 岁。2 月 2 日，《纽约时报》发布相关讣闻，总结道："庆亲王的一生，以一无所有的皇族旁系开始，以亿万富翁的身价辞世。"

奕劻的祖父，是乾隆皇帝的第十七子永璘，在清嘉庆四年（1799 年）被册封为庆郡王，和珅被杀后，搬到了这位"前朝巨贪"的宅第。按照爵位逐代递减的规矩，到了奕劻这一代，仅为辅国将军，所住的王府也让给了恭亲王奕䜣，成为如今著名的恭王府，奕劻则搬到了大学士琦善那座被查抄罚没的、位于定阜大街的宅第。

有趣的是，自此搬了家，庆王家的运势也开始春暖花开。1 年后，奕劻连跳六级，升为贝子；10 年后，又升为贝勒；20 年后，成为御前大臣赏加郡王衔；1884 年，任总理衙门大臣，正式晋封庆郡王；到了 1908 年，更是获得世袭罔替，以一个旁支宗亲成为清朝第十二位，也是最后一位"铁帽子王"。

奕劻做事，作风稳重，滴水不漏，"荣辱忽焉，皆在圣意"。甲午战争、戊戌变法、义和团运动、八国联军入侵，乃至随后轰轰烈烈的宪政改革，他都表现出不亚于恭亲王奕䜣的开明和灵活，与此同时，也毫不掩饰地往自己兜里大把捞钱。

有清一代，奕劻之贪，与和珅不相上下。庆王府被称为"老庆记公司"，专门卖官鬻爵。官场传言，到庆亲王家跑官、要官的人太多，不给"门包"的话，值班的门卫都懒得通报。杨士骧的山东巡抚一职，就出了 10 万两银子，而袁世凯、徐世昌等人，也都花了重金才买得更大的乌纱帽。

1911 年，大清国第一任总理庆亲王最终成为末代总理，为帝国送了终。清廷的孤臣孽子大多迁居青岛，以示远离政治，不食周粟。而 70 多岁的奕劻独独选择在天津，与这些宗室遗臣往来无多。

6 年后，奕劻的生命也走向终点。溥仪赐谥曰"密"，意思是追补前过。这位末代皇帝严苛地评价："（奕劻）受袁世凯的钱，劝太后让国，大清二百多年的天下，断送在奕劻手里。"

奕劻的巨额资产，也被每日烧香拜佛、吸食鸦片、赏花养鱼、打猎狎妓的儿子们挥霍殆尽。至 1930 年后，费行简著《近代名人小传》，称庆王府的钱，"其赀已罄尽"。

庆王府绣楼（摄于 1990 年）

庆王府内保存基本完好的垂花门（摄于 2009 年）

庆王府垂花门　屏门福寿图案（摄于 2009 年）

醇亲王南府（摄于 2006 年）

📍 醇亲王南府

　　北京城先后曾有两座醇王府，其中，南府走出了光绪，北府走出了宣统。

　　第一座醇亲王府位于内城太平湖，人称"南府"。它最早的主人是康熙皇帝最宠爱的五儿子——荣亲王永琪，也就是《还珠格格》里那位"五阿哥"，只是不同电视剧的浪漫戏说。历史上的永琪在 26 岁获封亲王后不久，就因为一次狩猎后附骨疽病发不治身亡，这是爱新觉罗家族的遗传病，雍正帝最为倚重的怡亲王胤祥也死于此病。

　　咸丰年间，这座宅子住进了醇亲王奕譞。同治死后无子，奕譞的第二个儿子载湉冲龄嗣位，成为后来的光绪皇帝。清朝惯例，皇帝出生的地方叫作"潜龙邸"，不宜再住人。奕譞于是偕全家搬到了后海畔，当年大学士纳兰明珠的旧府第。这就是第二座醇亲王府，人称"北府"。

　　无独有偶，光绪帝驾崩后膝下无子，新一代醇王载沣的儿子溥仪再次登临帝位。"北府"又成了显赫一时的"潜龙邸"，按规矩仍须迁出。只是当新王府大兴土木之际，武昌起义的革命风雷，已倾覆了老朽的王朝江山。

　　当年，醇亲王南府的寝部成为"潜龙邸"，前部则改为醇亲王祠，自此两院分离，门牌号分别是鲍家街甲 2 号和 43 号。鲍家街 43 号，现为中央音乐学院所在地，因汪峰所在的"鲍家街 43 号"乐队而家喻户晓。20 世纪 90 年代的一个雨夜，汪峰在宿舍床上辗转反侧，索性跑到门口二环路上，"听国产压路机的声音，看所有未眠的人们"，灵感突然奔涌，写下了那首著名的《晚安北京》——摇滚与古典，竟如此奇妙地在一座老王府中交融。

承恩公志钧府

位于东城区大佛寺东街西口，坐北朝南。始建于清代，是座典型的清朝官邸，门口设上、下马石一对，府门对面有一字影壁，大门内迎面也有影壁一座。此宅邸现为东城区文物保护单位。

承恩公志钧府（摄于2010年）

豫亲王府·协和医院

豫亲王府位于东城区帅府园胡同东口，今天协和医院的位置。豫亲王为清太祖努尔哈赤的第十五子多铎。该府建于顺治朝。随着清王朝的倒台，豫亲王的铁帽子爵位也走到了尽头，为了维持家族庞大的开销，1916年年末，有近300年历史的豫王府，不得不卖给美国石油大王洛克菲勒。美国人拆除了王府全部建筑，请中美两国的专家设计，修造了中西合璧的协和医学院及附属医院。成为当时世界一流的先进医学院。历经百年，协和医院成为中国最负盛名的医疗和医学教育机构。

豫亲王府除去门口的两个卧狮，已无其他遗迹可寻，但值得一说的是，现存的这对卧狮是北京清代所有王府门前唯一一对卧狮。

协和医院（摄于2010年）

协和医院（摄于 2010 年）

循郡王府（摄于 2016 年）

📍 循郡王府

　　循郡王府位于安定门内大街方家胡同 13 号、15 号。循郡王名永璋，是乾隆皇帝第三子，死后追封循郡王爵。循郡王府坐北朝南，原建筑面积 1210 平方米。1984 年公布为北京市重点文物保护单位。

僧王府（摄于 2006 年）

僧王府

　　炒豆胡同位于东城区交道口地区，呈东西走向，长约 400 米。明代称"炒豆儿胡同"。清代后称炒豆胡同，几经整顿后炒豆胡同之称沿用至今。

　　胡同内的僧王府占据半条胡同。府前门在炒豆胡同，府后门在板厂胡同，前后纵跨两条胡同。院内有垂花门、游廊、亭、台、花厅等，是规模十分宏大的王府建筑群。

　　僧格林沁是清末蒙古亲王，一生骁勇善战，为清王朝立下赫赫战功。因此，封为亲王爵，是大清王朝重要战将，历经数年征战，最终战死疆场。

桂公府

　　桂公府，位于东城区朝阳门内芳嘉园胡同 11 号，是北京现存的唯一一座完整的皇后宅邸。

　　明代时，这里叫方家园，颇有花木之盛。园子荒废后，在其址建了一座净业庵。到了晚清，咸丰皇帝的爱将胜保又在此建造豪宅。慈禧掌权后，以"拥兵纵寇"之罪赐死了胜保，这座宅子也被她赏赐给了自己的娘家人——三弟桂祥。

　　桂祥一生庸碌，在外坐支副都统的俸给，在家整日抽大烟混时日，但命运和机遇却出奇的好——长姐为太后，二姐是醇王福晋，论辈分，他是同治、光绪的舅舅。他有三个女儿，大格格许配给辅国公载泽；三格格指婚给孚郡王的嗣子贝勒载澍；二格格虽无姿色，也无威仪和福相，但慈禧执意要亲上加亲，立其为后。软弱的光绪无可奈何，只能屈从太后，娶了这位表妹为后。

　　一家出了两代皇后，桂公府在民间又有"凤凰巢"的称号。如今走进"凤凰巢"，青砖墙、朱漆门、燕翅影壁仍保存完好。合抱不交的高大杨树、郁郁葱葱的紫藤和海棠、墙边的抱石门墩、屋角的剥落砖雕，还能使人寻觅到昔日公爵府邸的踪迹。

桂公府（摄于 2002 年）

贝子弘府

贝子，是清代贵族爵位名称，在亲王、郡王和贝勒之下。

贝子弘晊府位于大取灯胡同9号，约建于清代中期，原为諴亲王允祕第二子弘晊府邸，后弘晊之孙绵勋承袭贝子迁到宽街居住，恂勤郡王允䄉的后裔辅国公载森入住，载森后代溥博、溥多都曾在此居住。因此，府名也一度改称森公府、博公府、多公府、格格府。

这里曾为传统北京谭家菜餐馆。

贝子弘晊府上马石（摄于2006年）

贝子弘府（摄于 2006 年）

盛宣怀宅院

西城区小石桥胡同 24 号的竹园宾馆，原是清末邮政大臣盛宣怀的府邸。

江苏人盛宣怀，秀才出身，因得李鸿章赏识而办洋务，一手兴实业，统管铁路、电报、航运、邮政，一手办教育，兴建北洋大学堂（天津大学前身）、南洋公学（上海交通大学、西安交通大学前身）、吴淞商船学院（大连海事大学、上海海事大学前身），被誉为"中国商父"。

然而在晚清纷乱的政局里，"公"与"私"的利益交错，"官"与"商"的身份并举，最终让盛宣怀进退失据。以挽救时局自许的他，因推行铁路国有化政策，引发四川保路运动，继而点燃武昌起义的革命之火。有人戏称，是一条铁路搞垮了大清朝。

"商人需要的是精明的斤斤计较，而政治家则需要着眼于政治上的大局，一种大智若愚的胸襟。"历史学家萧功秦说："当一个精明的商人面对政治大局时，如果仍然没有摆脱经商时那种单纯的算盘思维，他就是大愚若智了。"

1911 年 10 月 26 日，清廷宣布将盛宣怀革职，永不叙用。半个月后，武昌起义，大清覆灭。

中华人民共和国成立后多位领导人在此居住。现为四合院宾馆（竹园宾馆）。

盛宣怀宅院的垂花门（摄于 1999 年）

秋天的盛宣怀宅院（摄于 2005 年）

崇厚府邸（摄于 2006 年）

崇厚府邸

　　崇厚（1826—1893 年）清末大臣。字地山，姓完颜，内务府镶黄旗人。河道总督麟庆之子，道光举人。历官长芦盐运使，兵部、户部、吏部侍郎，三口通商大臣，署直隶总督、奉天将军。其府邸位于西城区前公用胡同，三进四合院格局，辛亥革命后为傅双英宅第。1957 年后由西城区少年宫使用。1987 年被公布为划定保护范围及建设控制地带，保护范围系前公用胡同 15 号院范围以内。

婉容宅院

1905 年 10 月，地安门外大街东侧帽儿胡同的一处贵族宅内，降生了一位千金。父亲郭步罗·荣源根据《洛神赋》里"翩若惊鸿，婉若游龙"的诗句，为爱女起名婉容，字慕鸿。

光阴荏苒，到了 1922 年，17 岁的婉容出落为亭亭少女，能作诗绘画，尤爱音乐，常坐在钢琴前自弹自唱。而紫禁城的主人、与她同龄的逊帝溥仪，也到了成亲的年纪。遗老遗少们动用各种心思手段，为自己的女儿争得机会。最终，婉容赢得了这场中国封建王朝最后一次的"选后"博弈。

1922 年 12 月 1 日，子夜时分，声势浩大的迎亲队伍从紫禁城出发，两位穿着蟒袍布褂的王爷骑在马上，手中执节，带领着军乐队和各路马队，护卫着龙凤旗伞、銮驾宫灯，浩浩荡荡向"后邸"进发。街道旁人山人海，站满昨日的大清国民，今日的民国百姓。这是中国封建王朝的最后一个华美句号。地方遗老兴高采烈如惊蛰后的虫子，成群飞向北京；民国的头面人物也纷纷送来厚礼重金，大总统黎元洪在红帖子上写着"中华民国大总统黎元洪赠宣统大皇帝"，张作霖、吴佩孚、张勋、曹锟等军阀也都赠送了现款和礼物。

新婚后，溥仪和婉容两个同龄人度过了一段甜蜜日子。他们一起吃西餐、看外国电影，甚至在紫禁城里骑自行车。溥仪请来美国教师，专教婉容英文，并为妻子起了一个英文名字"伊丽莎白"。婉容便用这个名字落款，每天下午用英文给溥仪写一封情意绵绵的短信。

1924 年，冯玉祥派兵逼溥仪离开皇宫。溥仪带着妻妾，被日本人护送到天津。文绣不堪忍受，离婚而去，溥仪将所有过失归咎于婉容，自此夫妻反目。溥仪逃至东北成为傀儡皇帝后，对婉容更为冷落，致使其身心崩溃，吸毒成瘾。

伪满洲国土崩瓦解后，溥仪仓皇出逃，被忽略厌弃了十几年的婉容，最终在延吉的监狱中，走完了 40 年人生的最后路程。

当年，婉容为练习婚礼时的"接旨"动作，每天一遍遍预演"三跪九叩"，累得精疲力竭。一次，她禁不住赌气："不练了！这么来来回回地折腾人。"说罢径自走回闺房。在帽儿胡同，这是她最后一次挥洒少女的任性恋情。当她身穿大红锦绣龙凤袍、头盖龙凤红盖头，端坐于金顶凤舆中，在喜乐飘扬中被抬进紫禁城时，一个自由的生命，也被永远地绑缚在锁链之上。

婉容宅院内的月亮门（摄于 2005 年）

夏日的婉容宅院（摄于2005年）

帽儿胡同·可园

帽儿胡同 9 号的可园，是一座保存较为完整的私家园林。它的旧主人是光绪年间的大学士文煜。

文煜是满洲正蓝旗人，清咸丰三年（1853 年）正值太平天国起义，烽烟四起，他追随钦差大臣琦善办理江北大营事务，之后任江苏布政使，主管江南大营粮台，为清军筹措粮草；后调任直隶布政使，继而出任山东巡抚，于清咸丰十一年（1861 年）晋升为直隶总督。也正是这一年，文煜拿出半生积蓄，在北京建造了这座花园，留待日后退休回来居住。取《论语》中善营居室的卫公子荆"苟合苟完"的典故，起名"可园"，意思是"基本可以"，不求完备，只求简单。

这座园子确实"简单"，占地 4 亩，面积不大，但舒朗有致。前院以一汪曲池为中心，后院堆筑蜿蜒玲珑的假山，东侧一条 80 米的游廊纵贯南北，把 4 座造型各异的亭榭连接在一起，咫尺之间山水花木、厅馆轩台，俨然可观，独具风味。

可园后院敞轩（摄于 2014 年）

可园六角亭（摄于2014年）

可园方亭（摄于 2014 年）

崇礼旧居（摄于 2015 年）

崇礼府邸

东四六条 63 号、65 号，曾是光绪年间大学士崇礼的宅第。

崇礼，汉军正白旗人，清咸丰七年（1857 年）入朝为官。据《道咸以来朝野杂记》载，此公庸碌无为、不学无术且爱卖弄文才，常闹出笑话。他因善于逢迎，颇得慈禧青睐，因而青云直上，直至入阁拜相，时人讥讽其"庸人多厚福"。

出任粤海关监督时，崇礼大肆搜刮，积财无数，回京后大治宅邸。崇礼府分东、西、中三路院落，原有房屋 300 余间，栋宇华丽仅次于王府，号称"东城之冠"。

可惜，宅子建成不久就遭逢八国联军入侵，为洋兵所占据，民国后又几度转手。1935 年，国民革命军第二十九军军长宋哲元部下师长刘汝明投靠蒋介石，得到巨款买下这所宅院，重葺宅园时挖浚水池，掘出大量金银珠宝，价值远在房价之上，一时轰动全城，甚至掀起一股深宅大院的"寻宝热"。北平沦陷后，这里又归张之洞之子、伪满外交大臣张燕卿所有。张燕卿为了媚寇求荣，将整座宅园的"精华"——有叠石、凉亭的小花园和花园中的房舍，让给了日本"北支那驻屯军"总司令冈村宁次居住。

1949 年北平解放，这里迁入了华北大学校部，不久又成为中国人民大学的机构驻地。1957 年，人大迁往西郊，这里为单位宿舍占用。尽管"文革"中，花园的假山、水池被填平，东院后花园改为锅炉房，厅堂原有的楹联匾额也毁坏殆尽，但主要建筑保存完好，格局也无大变。在经历百年沧桑巨变的北京城，这座崇礼住宅堪比奇迹。

国子监街

国子监街，长 680 米、宽 12 米，西口为安定门内大街，东口隔路与著名的雍和宫相望，是北京唯一仍保存有老牌楼的胡同。

元大德十年（1306 年）竣工的北京国子监，是元、明、清三代学子学习的地方，国家的最高学府。穿过琉璃牌坊，有一座渠水环绕的方形建筑，叫辟雍，专供天子讲学。建成后，乾隆帝兴致勃勃地来上课，前面钟楼里撞钟，鼓楼里擂鼓，殿前 4 个大香炉里烧着檀香，他走入讲台，坐上宝座，讲《大学》或《孝经》一章，叫王公大臣和国子监的学生跪在石池的桥边听着。

这样的盛典，道光、嘉庆年间还举行过，到了光绪，就没有这档事了。而所谓"辟雍"，也成为全世界利用率最低的"教室"。

国子监是培养官吏的后备营，却并没出过什么人才。在《戴斗夜谈》中，北京人已把国子监学堂与光禄寺茶汤、太医院药方、教坊司婆娘等一并打入"十可笑"之列。反倒是那些"不务正业"的学生，凭借被视为雕虫小技的文艺创作，扬名后世。康熙年间，国子监监生洪昇用十余年写下《长生殿》轰动京师，却被奸佞诬陷，一道圣旨革除了功名；而另一位国子监博士、孔子的第六十四代孙孔尚任，在闲衙冷灶中创作了《桃花扇》，同样轰动京师，却也同样命薄，最终因文字狱罢官还乡。

国子监一墙之隔的是中国第二大孔庙——北京孔庙。院内有元、明、清三代进士题名碑 198 通，袁崇焕、曾国藩等人的名字，都在其上。

院内还有一棵著名的柏树。传说明朝时，严嵩的乌纱帽被其刮掉，不久即东窗事发，被皇帝革职；魏忠贤的头也曾被它的树枝砸中，后来就在流放的途中自杀——两个奸臣都不得善终，老百姓认为这棵柏树有灵性，送了它一个"触奸柏"的美名。

老树成荫的国子监街，近年成为热闹喧嚣的旅游景点，很多学子慕名而来沾染"文气"，以求在考试中一举夺魁。在北京古老与现代总是如此彼此交融、一脉相通。

孔庙（摄于 2006 年）

孔庙

位于北京东城区国子监街，为中国元、明、清三朝祭祀孔子的场所。元大德六年（1302 年）建，大德十年建成。门内院落共有三进，中轴线上的建筑从南向北依次为大成门、大成殿、崇圣门及崇圣祠。有元、明、清三代的进士题名碑 198 块，为研究中国古代科举制度的重要文献资料。

国子监（摄于 1990 年）

在无声有迹的岁月里

走近昔日生活，寻找那并不遥远的记忆

青砖灰瓦 慢生活

青砖灰瓦慢生活
胡同里的梨园
八大胡同

青砖灰瓦 慢生活

SERENE LIFE UNDER THE GREEN BRICKS AND GREY TILES

——许晓迪

老舍先生在《四世同堂》里写到祁家的房子。它坐落在西城护国寺附近的"小羊圈胡同"，街门朝西，斜对着一棵大槐树。置身陋巷的房子，一没有格局，二盖得不甚结实。院中是一堰土地，没有甬路；每逢雨季，院中的存水能有一尺多深，出入都要打赤脚。

可祁老人爱这个地方——这是他自己置买的产业，自从有了这所房，人口便有增无减，至1942年，已是四世同堂。房子被彻底翻盖了一次，南墙根种上了秋海棠、玉簪花、绣球和虎尾草，院中间养着四大盆石榴、两盆夹竹桃和许多不费力而能开花的小植物。南房前面还种了两株枣树，一株结的是大白枣，一株结的是酸甜的"莲蓬子儿"。

"看着自己的房，自己的儿孙，和手植的花草，祁老人觉得自己的一世劳碌并没有虚掷。北平城是不朽之城，他的房子也是永世不朽的房子。"

相对于住过官员王爷、商贾政客、干部和知识分子的敞亮堂皇或诗意盎然的四合院，这样的"房子"或许才是无数北京城普通百姓的安身之所。它们所在的胡同，有着斜街、夹道、半截、扁担、耳挖勺、锥把儿、豆芽菜、下洼子种种五彩纷呈的名称，或弯或曲、或窄或短、或低或湿；这样的胡同，下雨一街泥，无风三尺土，就像旧民谣所说，"刮风像香炉子，下雨像墨盒子""胡同净泥塘，走路贴着墙"。这样的胡同，充满相互照应的人情味儿，记录下北京百姓的生活缩影。

生于1947年的肖复兴，在《胡同的声音》中回忆小时候听到的种种声响：磨剪子师父手里摇着用麻绳串起来的一串铁片，或是吹着一把小铜号，叫喊着："磨剪子咧——抢菜刀！"卖冰棍的老太太将冰棍装在大号敞口的暖水瓶里，再在外面裹上棉被，"冰棍儿——败火，红果冰棍儿，三分一根儿！"卖西瓜的耍着芭蕉扇，亮开嗓门，个个嘴皮子赛过郭德纲；卖花的吆喝声格外悠扬好听，大姑娘小媳妇，爱去买点儿纸花绒花，插在发髻上；爱侍弄花草的老人，就买盆鲜花，放在自家的门前或窗台上养。

哪怕只是一个普通的桃子，小贩也要喊出不同的风格："玛瑙红的蜜桃咧——""大叶白的蜜桃呀——""鹦鹉嘴的鲜桃哎——""王母娘娘的大蟠桃咧——"哪怕只是一碗豆腐脑，小贩也要加上一句："宽卤的豆腐脑，热的呀——"一个"宽"字、一个"热"字，言简意赅、抑扬顿挫；哪怕只是小小的樱桃，再笨拙的小贩也会加上一个修饰词："带把儿的樱桃咧——"使人联想起齐白石的画，带露折花一样，水灵灵得可爱；哪怕是冬天随处可见的糖葫芦，小贩都会这样叫喊："冰糖葫芦，刚蘸得的——"让你听出"冰糖"和"刚蘸得"的甜蜜诱人。

这是老北京文化不可或缺的声音注脚，是民间的艺术、胡同的"魂儿"。

而在生于1949年的北岛笔下，胡同的气味也令人难忘。在《城门开》里，他搜寻种种记忆中的北京味儿。比如，冬储大白菜味儿，立冬前后，每家得买上几百斤，用平板三轮车、自行车、儿童车等各种工具倒腾回家。大白菜先掰开晾晒，然后码放在窗下、门边、过道里、阳台上，用草帘子或旧棉被盖住。冬天风雪肆虐，大白菜像木乃伊干枯变质，顽强地散发出霉烂味儿。

比如，煤烟味儿。为取暖做饭，大小煤球炉、蜂窝煤炉像烟鬼把烟囱伸出门窗，喷云吐雾。煤焦油从烟囱口落到地上，结成一坨坨黑冰。赶上刮风天，得赶紧转动烟囱口的拐脖——浓烟倒灌，呛得人鼻涕眼泪，狂嗽不止。

比如，灰尘味儿。它是所有气味儿中的统帅，让人口干舌燥，嗓子冒烟，心情恶劣。一旦借西北风更是了得，千军万马，铺天盖地，顺窗缝、门缝登堂入室，没处躲没处藏。

之后便是大雪的冰凉薄荷味儿，是柳枝略带苦涩的清香与槐花的淡远，是夏天泳池的福尔马林味儿，是秋雨中树叶发酵的味儿，与再度登临的冬储大白菜味儿相呼应——种种味道，弥漫的是北京胡同的生活气息。

这样的生活，直至20世纪80年代，还保留着原始的节奏。作家止庵在最新小说《受命》的后记中写道：

"胡同里的生活殊无写意之处。大小便要去胡同里的公共厕所，最早叫'官茅房'，冬天的夜里，下雪下雨的时候，都相当不便。冬天屋里生炉子取暖，很脏，还可能中煤气，火灭了特别麻烦，临睡前封火须格外用心；夏天赶上大雨，连去院里自家搭的小厨房做饭都得打伞，更甭提屋顶没准还会漏水。气候也跟后来不大一样，冬天很冷，手脚常生冻疮；春天风沙大，女人走在路上，都用纱巾裹着脑袋；夏天干热干热的，太阳特毒，谁家也没有空调，人手一把蒲扇，傍晚下场豪雨，夜里就凉快了，睡觉要盖毛巾被，桑拿天则

到1990年后期才出现。"

"没有个人电脑，没有互联网，没有手机，没有数码相机，没有信用卡，也没有快递服务；电视只有几个频道；电影院放场新电影，或者哪里有什么演出、展览，都比现今更受关注。路上或公交车上，大家嘴边总挂着两个词儿，一是'劳驾'，一是'借光'，译成英文都是excuse me，这些年不大听见这种客气话了。"

而这一切，如今已与这座城市的昨天一起消失了。

在《城门开》中，北岛说："我要用文字重建一座城市，重建我的北京——用我的北京否认如今的北京。在我的城市里，时间倒流，枯木逢春，消失的气味儿、声音和光线被召回，被拆除的四合院、胡同和寺庙恢复原貌，瓦顶排浪般涌向低低的天际线，鸽哨响彻深深的蓝天，孩子们熟知四季的变化，居民们胸有方向感。我打开城门，欢迎四海漂泊的游子，欢迎无家可归的孤魂，欢迎所有好奇的客人们。"

在下面这些照片中，"青砖灰瓦慢生活"的昔日光影，也如同时间倒流，被一一定格、召回、恢复。

东直门二条（摄于2006年）

九弯胡同（摄于 2002 年）

九弯胡同

北京胡同弯最多的是前门外的九弯胡同，共有十三道弯。东起铺陈市胡同，西至校尉营胡同，全长约 390 米，在不足 400 米的胡同里聚集了十几种弯道的形式。曲折蜿蜒，山重水复。

门框胡同

门框胡同北起廊坊头条，南至大栅栏，是条南北走向、很不起眼的小胡同。旧时的俚语提到京城繁华之处，门框胡同却是其一，所谓："东四西单鼓楼前，王府井前门大栅栏，还有那小小门框胡同一线天。"

民国时，这里是著名的小吃一条街，鼎盛时期，20 多家老字号从南往北，一家紧挨着一家，各有特色。年糕杨的年糕，以馅子细、味道香美称绝；年糕王的年糕，则以料精、油清、色正味厚见长。爆肚冯和爆肚杨，都把肚子分档切卖，但在调制配料上却各有千秋。豆腐脑白家的豆腐脑，用上等口蘑和鲜羊肉片制卤，卤汁明亮，豆腐白润。宛记的豌豆黄，用炒锅熬制，色泽橙黄、味道清甜。还有复顺斋的酱牛肉、魏记的奶酪、刘记的油酥火烧、沙四把的炒饼、德兴斋的烧羊肉和白汤杂碎……各有各的拿手本领，各有各的吃客，本着"船多不碍江"的原则，大家和衷共济，客人能在你那儿吃一口，再来我这儿吃一口。

大栅栏有好几家戏园子，很多京剧名伶唱完戏卸了装，就来门框胡同吃宵夜。同一个爆肚，可以切成不同的名堂，而不同的角儿，也有各自偏爱的吃法。比如，裘盛戎最爱牛的"肚仁"，谭富英最爱羊的"肚板掖皮"，荀慧生爱吃羊的"散单"和"肚领掖皮"，尚小云爱吃"蘑菇头"和"肚领"……

1930—1933 年，作家张恨水住在门框胡同 12 号。这个住所曲折婉转，大大小小有 7 个院子，庭院里花木繁茂、绿叶成荫。在这里，作家的生活优越安定，写出了有"民国《红楼梦》"之称的《金粉世家》。

清晨雨中的门框胡同（摄于2002年）

黄米胡同（摄于 2015 年）

📍 黄米胡同

　　黄米胡同位于中国美术馆北侧，呈南北走向。北起美术馆后街，南不通行。全长 196 米。清代属正白旗，称黄米胡同。民国后沿称。5 号、7 号、9 号名为半亩园，1986 年被定为东城区文物保护单位。

📍 北玉带胡同

　　位于西城区中部的北玉带胡同鸟市。（摄于 2005 年）

九道弯胡同（摄于 2006 年）

保留有时代印记的金柱大门·炒豆胡同（摄于 2005 年）

板厂胡同

板厂胡同属东城区交道口地区，胡同自东向西，长400多米。该胡同在清乾隆时称"板肠胡同"，宣统时称"板厂胡同"。名称几经更换后，1979年又恢复为板厂胡同。

板厂胡同（摄于2005年）

东旧帘子胡同

　　东旧帘子胡同位于北京市西城区西单附近，长 304 米，东西走向，东起兵部洼胡同，西至北新华街。因附近曾有莲花池，明称莲子胡同，后演化为帘子胡同。

东旧帘子胡同（摄于 2008 年）

东棉花胡同（摄于 2003 年）

东城区四道弯胡同（摄于 2010 年）

廊坊头条早点摊（摄于 2001 年）

⦿ 侯位胡同

　　侯位胡同位于东城区北京站西侧，呈东西走向，全长172 米，因街巷最初呈弧状，形似猴的尾巴，故称"猴尾胡同"，因此名不雅后取谐音为"侯位胡同"，沿用至今。

侯位胡同（摄于 2005 年）

孝友胡同（摄于 2000 年）

赵锥子胡同

　　赵锥子胡同位于天桥地区东北部，前门大街西侧，呈东西走向，长约 120 米。胡同名字确实因为锥子而得。明朝时胡同里有个姓赵的手艺人，开了个锥子铺，由于手艺精湛，做的锥子特别好用，远近闻名，不光在家做活的妇女闻名而至，就连很多鞋铺也来订购。时间一长，胡同就被叫成了赵锥子，名称一直沿用至今。

雨中的延庆街（摄于 2006 年）

雨中的赵锥子胡同（摄于 2016 年）

北翔凤胡同

　　北翔凤胡同位于东城区正义路南口，长约 176 米。"酒香不怕巷子深"，利群烤鸭店就隐匿在这条胡同内。如此低调的门面，却大名鼎鼎、远近闻名。

　　利群烤鸭店于 1992 年开业。这里的烤鸭是地道的北京挂炉烤鸭。虽然烤鸭店开在胡同深处小四合院内，但其独特的私房美食风味，吸引了国内外众多知名人士光临。

北翔凤胡同利群烤鸭店（摄于 2006 年）

小喇叭胡同

　　位于西城区，西起大喇叭胡同，南至永安路，呈曲尺形。此胡同南宽北窄，状如喇叭，由此得名。小喇叭胡同是北京最窄的胡同之一，中段纤细，不足 70 厘米，仅可单人通过。

小喇叭胡同（摄于 2000 年）

东口袋胡同四合院（摄于 2004 年）

南北园胡同

位于西城区琉璃厂东街，呈南北走向，长 305 米。

南北园胡同（摄于 2005 年）

大席胡同（摄于 2006 年）

📍 大席胡同

　　位于东城区，呈南北走向，北起北芦草园，南至大江胡同，全长 290 米。因与南、北芦草园胡同相接壤，旧时有编芦苇席的作坊，故称大席胡同。大席胡同形成于明代，称大席儿胡同，清代改称大席胡同，沿用至今。

禄米仓胡同

位于东城区东北部，东起小牌坊胡同，西至朝阳门南小街，南有二支巷通小雅宝胡同。

禄米仓为明、清两代储存京官俸米的粮仓。现为北京市文物保护单位。仓内原有明代历任仓场监督题名碑，其上所刻内容说明名臣海瑞曾为仓场监督。该仓始建于明嘉靖四十年（1561 年）。

禄米仓是中国现存古建筑中的一个特殊造型的建筑，它巧妙的布局、结构和形式以及一套完整的运作方式和管理制度，见证了古代劳动人民的聪明智慧和高超的建筑技艺。是研究古代仓储制度和仓房建筑的宝贵实物资料。

禄米仓胡同清代粮仓（摄于 2005 年）

北新桥三条

　　北新桥三条位于东城区东北部，东起东直门北小街，西至雍和宫大街，明朝属北居贤坊，称王大人胡同，清朝属镶黄旗，乾隆时沿称，宣统时东段称赵公府，西段称王大人胡同。民国三十六年（1947年）称王大人胡同。1965年整顿地名时将八仙巷并入，改称北新桥三条。

北新桥三条四合院内的养鸟人家（摄于2007年）

东四四条四合院内民国风格的五彩玻璃门窗（摄于 2006 年）

"胡同里送蜂窝煤"是老北京胡同一景。从前居住在胡同里的各家各户都安有煤炉，用于烧水、做饭、取暖，特别到了冬季，取暖都是由送煤工挨家挨户地送煤。（摄于 2000 年）

狗尾胡同（摄于 2000 年）

七井胡同百年古藤（摄于 2005 年）

六合胡同（摄于 2006 年）

七井胡同

　　七井胡同，位于西城区南横西街北侧，胡同长约 300 米。老北京旧时胡同上千条，多数胡同有水井，不少胡同便以水井命名，如甘井、大甜水井、湿井、金井等。在覆盖井口的石板上开凿 3 个或 4 个略大于水桶的圆孔，这样的水井被称为"三眼井"或"四眼井"，老北京有多处名叫"三眼井"和"四眼井"的胡同。七井胡同，过去或许有过一口"七眼井"。

协和胡同

协和胡同，清光绪时称蝎虎胡同。1947 年称协和胡同，
1949 年后沿称。现胡同内均为居民住宅。

协和胡同（摄于 2006 年）

蓑衣胡同（摄于 2005 年）

📍 蓑衣胡同

蓑衣胡同位于地安门东大街北侧，呈东西走向。东起南锣鼓巷，西止福祥胡同，全长 295 米，宽 3 米。蓑衣胡同，明代称裟衣胡同。

薛家湾胡同（摄于 2008 年）

何家胡同（摄于 2002 年）

何家胡同

何家胡同位于北京西城区，长约 50 米，宽不足 2 米，属居民生活区。清朝时叫何家庄，因何姓居多而得名。1965 年改名何家胡同。

薛家湾胡同

位于东城区珠市口东大街。薛家湾胡同因胡同中一薛姓大户而得名。胡同为东西走向。胡同中多高门大院，胡同内 39 号院为钱氏宗祠，钱氏祖先是唐末战功卓著，被唐昭宗封为武肃王并赐免死的钱镠。

⬤ 焕新胡同

　　焕新胡同，位于东城区景山街道，呈东西走向，南起北河胡同，西止东吉祥胡同，全长130米。因此地有一处火神庙，故名。1949年后称火神庙胡同。1965年整顿地名时改称焕新胡同。

焕新胡同（摄于 2006 年）

焕新胡同（摄于 2006 年）

銮庆胡同（摄于 2000 年）

銮庆胡同

　　銮庆胡同位于原崇文区西北部。呈东西走向，东起南深沟胡同，西至长巷三条，全长 335 米。

　　銮庆胡同，明代称銮敬胡同，清乾隆时称銮庆胡同。胡同距前门不远，虽有喧嚣所在也有清静一隅，是个闹中取静的清幽小巷。特别在夏日小雨中，信步闲行，檐前阶下，随处可见豆棚瓜架，举目皆是沉寂宁静。

夏日的鸾庆胡同（摄于 2005 年）

◆ 大江胡同

　　大江胡同位于东城区。呈东南西北走向，东南起珠市口东大街，西北至前门大街，全长668米，均宽5米。大江胡同，明代称蒋家胡同，清代称大蒋家胡同。胡同与布巷子、肉市街、大小蓆、冰窖斜街、高筱胡同等十二条胡同相通。1965年整顿地名时将大、小蒋家胡同改为大、小江胡同。

大江胡同（摄于2000年）

◆ 顶银胡同

　　顶银胡同东起贡院西街，西至东总布胡同。清朝时因贡院为科考场所，学子考试前将随身携带的重要物品交当铺换取现银使用，所以此胡同出现了多家当铺，故得名，沿用至今。

顶银胡同（摄于 1998 年）

雨中的东利市营胡同（摄于2006年）

恭俭胡同

　　恭俭胡同位于西城区厂桥地区东部。呈南北走向，南段向西南弯曲，南起景山后街，北至地安门西大街，全长530米，宽4米。恭俭胡同，明代称内官司监。清代光绪末年称为内官司监胡同，1911年改为恭俭胡同。

　　恭俭胡同冰窖位于紫禁城之后、北海公园东侧，建于清朝，内有南北两窖，是目前仅存且尚可使用的皇家御用冰窖。

　　古时冰窖冬季储冰，暑季出冰，春秋季用于储存肉类、果蔬，供紫禁城内皇室成员享用。冰窖占地458平方米，其结构为半地下，窖宽7.78米、长20.4米。现为京城具有特色的胡同餐馆。

恭俭胡同·皇家冰窖（摄于2006年）

恭俭胡同（摄于 2006 年）

皇家冰窖内景（摄于 2006 年）

赵府街·副食店（摄于 2005 年）

赵府街

　　赵府街位于钟楼北侧，呈南北走向，全长 390 米。清代称赵府胡同，后称赵府街，一直沿用至今。

　　赵府街的副食店于 1956 年开张，该店称重使用台秤，算账使用算盘，出售大粒盐等市场上少见商品，还提供打酱油、黄酱和醋等服务。进入 21 世纪，这家副食店在北京已小有名气，这种老式的售卖服务方式吸引着很多人慕名前来参观。

📍 草厂头条至十条

　　草厂头条至十条，因 700 多年前的古河道走势形成，呈鱼骨状排列，是北京目前唯一留存的南北向胡同群。数百年来，这里与前门大街、大栅栏连成一片，会馆、寺庙、商贾院落云集。

　　元代大都的土城最怕雨淋水冲，每临夏秋之际都用柴草当作遮雨的蓑衣，把土城掩盖起来。因此在各大城门附近都有贮存柴草的草厂，明清之际尚有名为草厂的胡同 30 余处。崇文门外两侧有以草厂命名的胡同 10 条，从西向东排列于西兴隆街南侧，偶尔还有会馆夹杂其中，小巧精致的四合院，带有浓郁的城南民居风情。1999 年草厂三条至九条以及鲜鱼口街被列为北京市二十五片历史文化保护区。

草厂头条（摄于 2005 年）

草厂二条（摄于 2005 年）

草厂二条居民小院（摄于 2005 年）

草厂二条（摄于 2008 年）

草厂七条 · 惠州会馆

惠州会馆位于东城区草厂七条，而这条胡同宽不够 3 米。惠州老馆有房 66 间，占地三亩有余，据文字记载，此馆曾是叶挺将军、邓演达先生的读书处。

草厂七条·广东惠州会馆（摄于 2008 年）

钱市胡同

钱市胡同位于珠宝市街西侧，呈东西走向，邻近著名的大栅栏商业区。胡同全长 55 米，平均宽仅 0.7 米，最窄处仅有 0.4 米。因胡同西头有清代官办的银钱交易大厅，两侧均为清代银号，简称钱市，因此得名钱市胡同。该胡同是目前北京最窄的胡同之一。

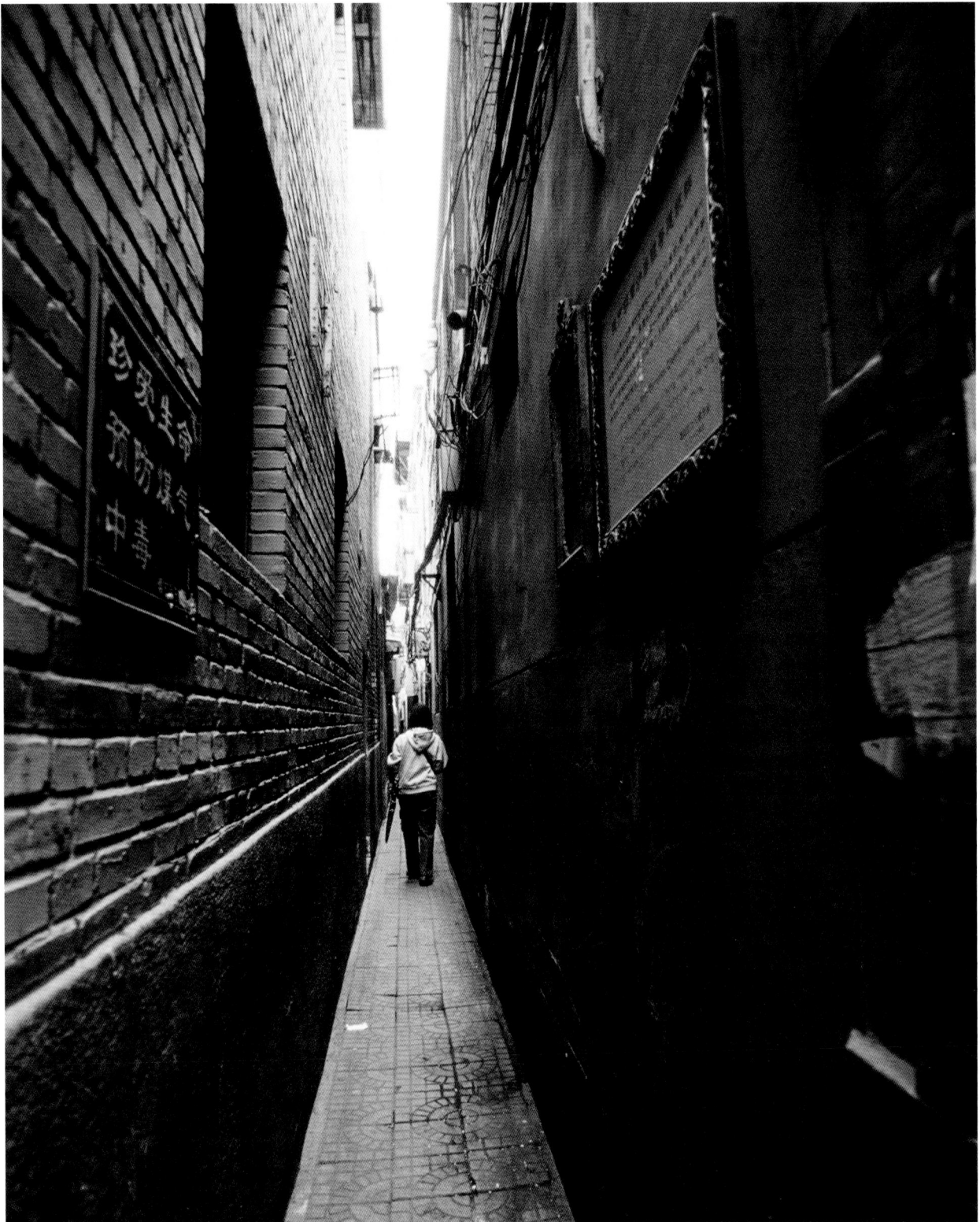

钱市胡同（摄于 2005 年）

PEAR GAR-
DENS OF THE CHINESE OPERA

胡同里的 梨园

　　"人不辞路，虎不辞山，唱戏的不离百顺韩家谭。"说的是北京梨园行唱戏的名角，多住在百顺胡同和韩家胡同。仅短短的一条百顺胡同，40 号是著名武生俞菊笙的故居，四大徽班之一春台班也曾经在那里安营扎寨；36 号是文武老生程长庚故居，四大徽班之一三庆班也曾在那里；38 号是武老生迟月亭故居；55 号是青衣前辈陈德霖故居。

　　在清代，内城禁止开设戏院，那时所有的戏院都开设在前门一带。四大徽班进京后，便都在这里安营扎寨，名角自然也就扎堆在此安家。椿树胡同住过余叔岩和尚小云，海柏胡同住过叶盛章，棉花五条住过叶盛兰，棉花七条住过李少春，棉花八条住过金少山。

　　山西街甲 13 号是荀慧生故居，紧挨着山西街的西草厂 88 号是萧长华故居；铁树斜街 149 号，是京剧大师梅兰芳的祖居；大外廊营胡同 1 号，是著名老生谭鑫培的故居；培英胡同 20 号，是梅兰芳的老师、号称"剧坛盟主"的王瑶卿故居；红线胡同 17 号，是老生杨宝森故居；西河沿 215 号，是铜锤花脸裘盛戎故居；保安寺街 15 号，是疙瘩腔的创始人老生高庆奎故居；后兵马司街 13 号，是名旦张君秋故居；平坦胡同 3 号，是须生奚啸伯故居。

　　北大吉巷里，和李万春做街坊的，还有几处梨园行的老宅：39 号住过刘连荣，他是和梅兰芳配戏的名角，《霸王别姬》，梅兰芳演虞姬，他演楚霸王；7 号住过时慧宝，清末著名青衣时小福的四子，他是武老生，又是梨园界有名的书法家，樱桃斜街梨园会馆门簪上"梨园永固"四字就是其作品。

　　这些故居，有的已被拆迁、不复存在；有的已更换主人，但老宅还在。虽然人去楼空、老屋颓败，但京腔京韵的感觉，仍飘逸绵延……

梨园公会位于樱桃斜街 65 号，建于清代。
梨园公会即戏曲界行业会馆（摄于 2005 年）

鲜鱼口

鲜鱼口位于东城区前门以东，呈东西走向。东起长巷五条，西至前门大街。

鲜鱼口街形成于明代，原名鲜鱼巷。鲜鱼口街有诸多老字号，反映出浓厚的商贾文化。

1999 年被列为历史文化保护街区。内有天乐园。

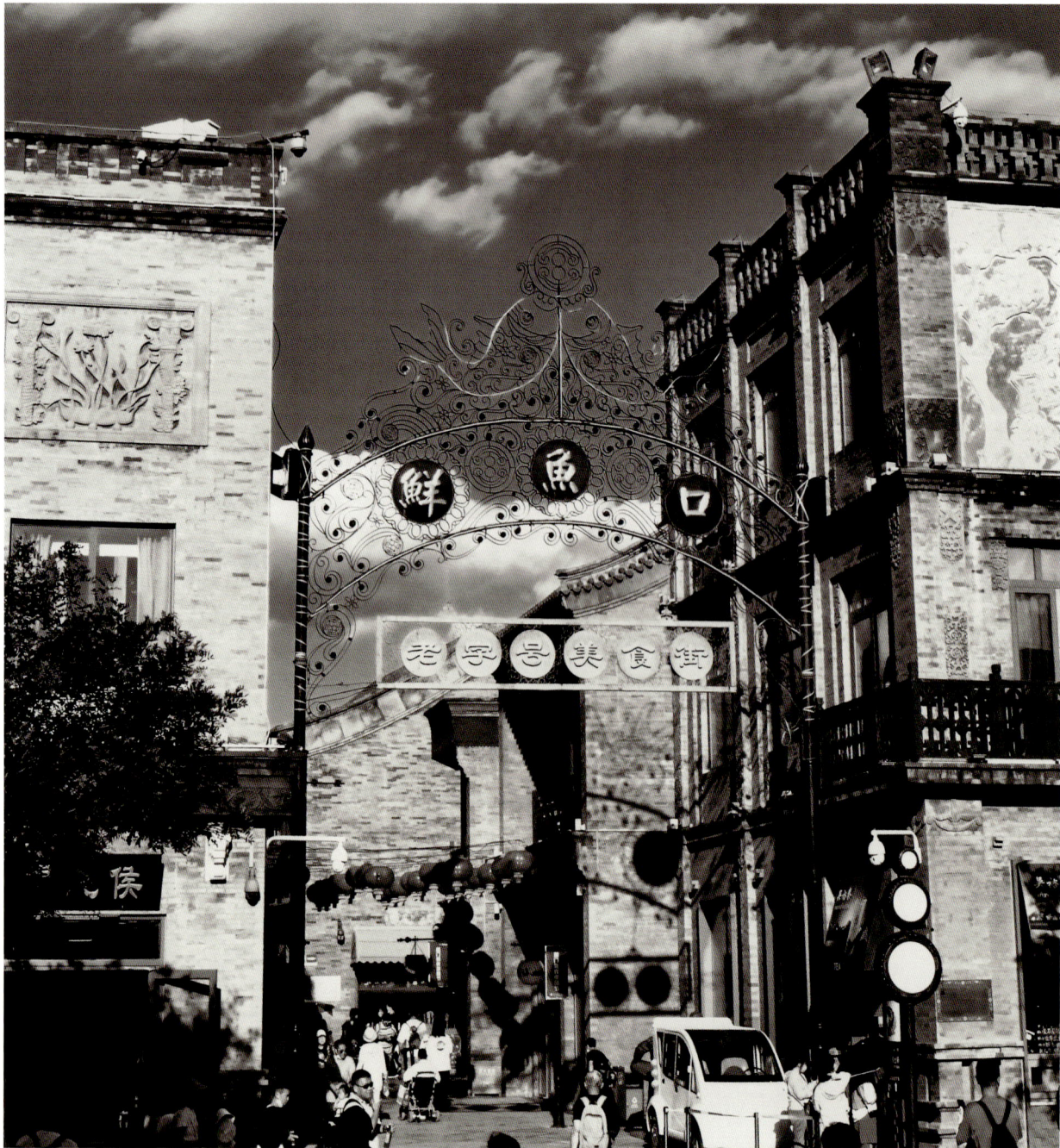

鲜鱼口（摄于 2015 年）

广德楼

明代在北京就已经出现了戏楼，至清代，北京的戏楼之多是全国之最。旧时王公贵族要看戏，在宫廷王府里面建戏楼，或在自家厅堂里搭戏台。茶楼、会馆、戏园、酒馆大多集中在前门地区。

广德楼位于前门大街大栅栏街39号，兴建于清嘉庆元年（1796年），是北京现存最古老的戏园之一。当年多位名角程长庚、余紫云、梅巧玲、余三胜、汪桂芬等在此献艺，是当时京城场地最火、人气最旺的戏园之一。

广德楼（摄于 2015 年）

天乐园

鲜鱼口内有座兴建于清光绪年间的戏院，天乐茶园，后改名华乐园、华天红院。京剧名家杨小楼、郝寿臣、高庆奎、尚小云、金少山、马连良等都在此演出过，1942年因失火停业。中华人民共和国成立后，曾更名大众剧场，现仍名为天乐园。

天乐园（摄于 2015 年）

⊙ 青云阁

走进杨梅竹斜街，路南有一座青云阁。这里是清末民初四大商场之一——其他三座为西河沿的劝业场、王府井的东安市场和菜市口的首善第一楼。《顺天时报丛谈》中说，青云阁是那个时代的"新式之商场，百货陈列，极见繁富"。《肃吟馆诗集》里写："迤逦青云阁，喧腾估客过。珠光争闪烁，骨董几摩挲。栋栋书场满，家家相士多。居然好风景，堪唱太平歌。"京剧名角曾在此演出，青云阁是迄今唯一保存最完整的轿子形建筑。

鲁迅先生在北京时，常去琉璃厂的神州国光社、直隶书局、文明书局、立本堂、有正书局等处买书，或在古玩铺子买点小古董。他在日记中写到，青云阁里有家茶社叫"玉壶春"，他在这里喝过茶，吃过春卷和虾仁面，出来后再到东升平浴池洗澡，才满载而归。

位于杨梅竹斜街的青云阁（摄于 1998 年）

位于观音寺街的青云阁（摄于 2018 年）

棕树头条（摄于 2006 年）

青云胡同（摄于 2006 年）

青云胡同

青云胡同位于东城区前门东区，呈北南走向，北起西兴隆街，南至南芦草园胡同，全长 280 米。青云胡同，原名庆云巷、庆云大院，1965 年改称青云胡同。京剧大师梅兰芳先生曾在此胡同居住。

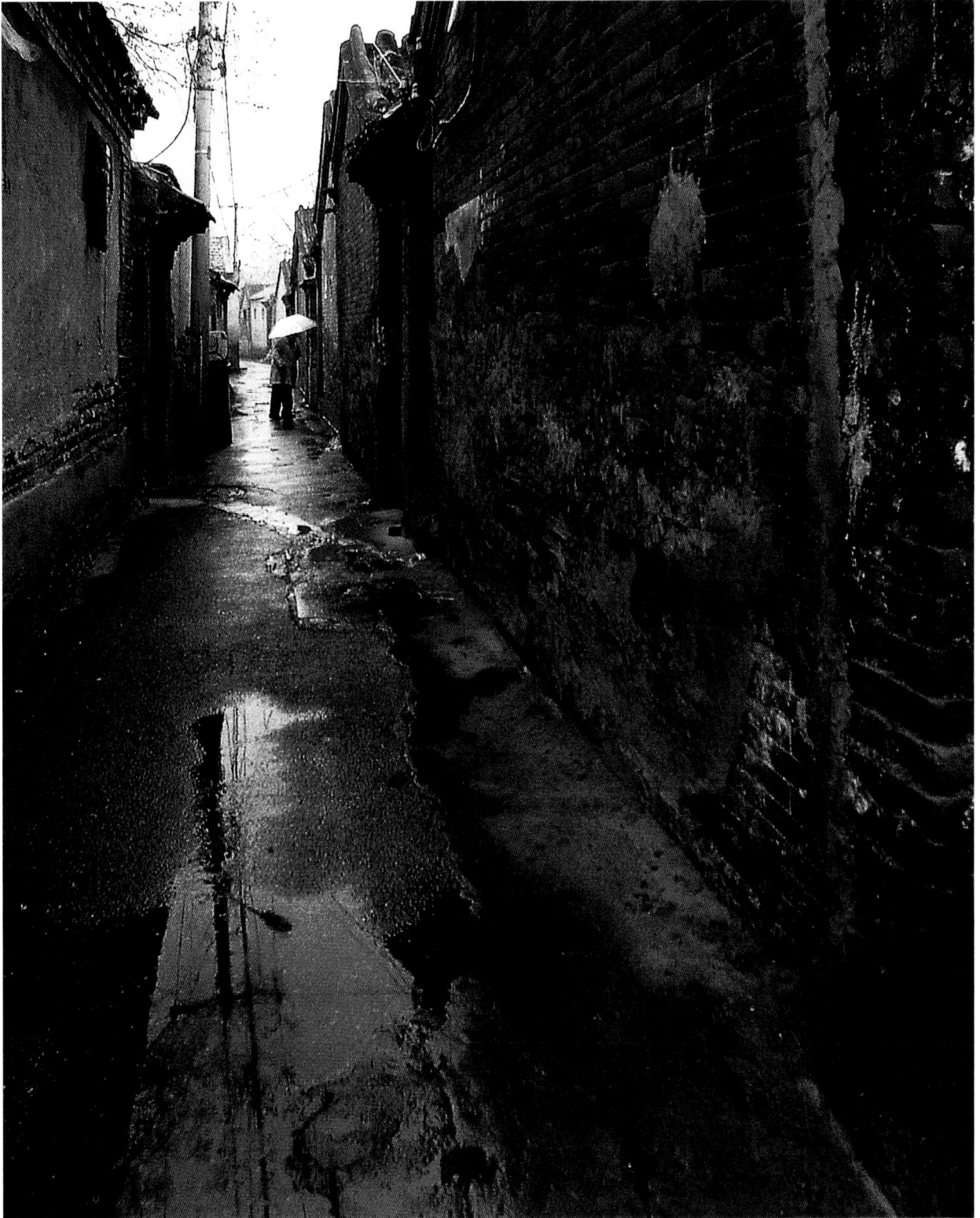

青云胡同（摄于 2006 年）

八大胡同

THE EIGHT HUTONG

　　八大胡同，泛指大栅栏一带的烟花柳巷，相当于旧北京的红灯区。清末民初有一首流传甚广的歌谣：八大胡同自古名，陕西百顺石头城，韩家潭畔弦歌杂，王广斜街灯火明。按照这首歌谣的说法，八大胡同一般指的是：陕西巷、百顺胡同、石头胡同、韩家潭、王广福斜街、胭脂巷、小李纱帽胡同和皮条营。

　　在明朝，八大胡同已是妓女所在之地，一代名妓玉堂春就住在百顺胡同和皮条营之间的苏家大院。到了清朝，因清太祖进京后立下"禁止嫖妓"的规矩，八大胡同便也未成气候。

　　但是，即便在法律最严厉的时候，也只是禁妓，并不禁玩相公。那时的官员竞相攀比，官府和私宅养戏班子成风，在八大胡同一带，相公堂子更是盛行。

　　所谓相公，是从"像姑娘"衍化而来，指的就是男妓。《清类稗抄》里记载，上等的相公从小就要做一番特殊的打理和培养：必须挑选那些"其眉目美好，皮色洁白"的幼伶，大多来自苏杭和皖鄂一带，先要学戏三两折，学戏中女子的语言和步态，然后每天"晨起以淡肉汁洗面，饮以蛋清汤，肴馔亦极醴粹，夜则敷药遍体，唯留手足不涂，云泄火毒。三四月后，婉好如好女，回眸一顾，百媚横生"。

　　男妓成风，一直绵延到清末民初，周瘦鹃的小说《秋海棠》里军阀霸占戏子的故事，就是写照。而妓女真正成为八大胡同的主角，是在光绪中期之后了。当时政府许可存在四类妓院。一类为头等妓院，原名"堂"，又叫"大地方"；二类为二等妓院，原名"中地方"，后称"茶室"；三类为三等妓院，称为"下处"；四类为四等妓院，称为"小地方"。一时间，南朝金粉和北地胭脂纷纷落户，成就了赛金花、小凤仙等风云人物。

　　八大胡同的声名，早已超越风月场，而荡漾在历史中。军阀曹锟贿选，袁世凯宴请，都是选择到八大胡同。八大胡同，不仅是销金窟、风流地，也是那个时代经济、文化、政治的一面凹凸镜。

朱家胡同·临春楼（摄于 2006 年）

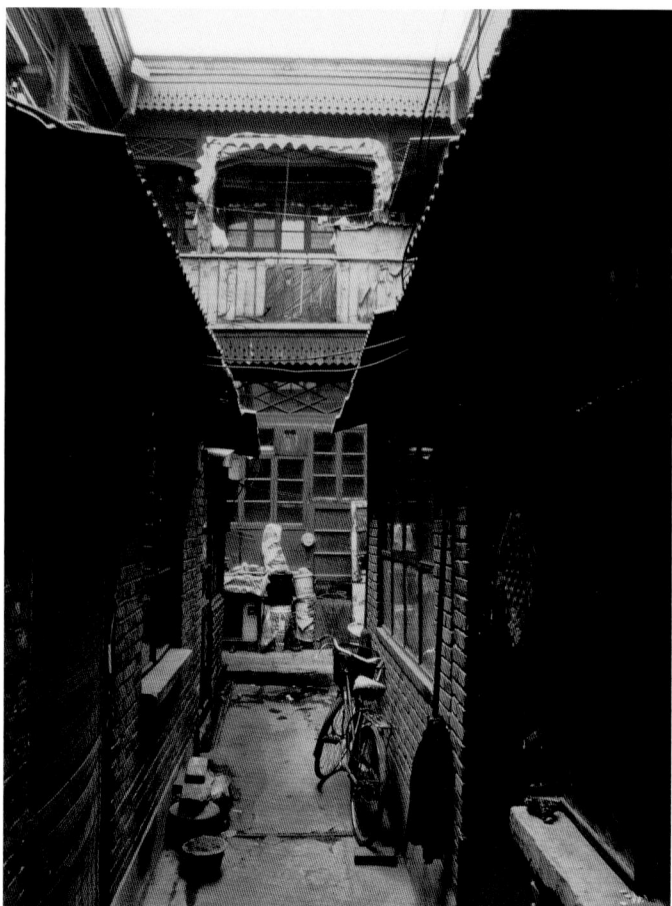

朱茅胡同·聚宝茶室（摄于 2006 年）

📍 小力胡同

小力胡同在清朝后期称小李纱帽胡同，因有李姓纱帽作坊而得名。它是著名的"八大胡同"之一。至今小力胡同有的旧宅门额上仍遗存有"蕊香楼""泉陞楼"字迹。（摄于 2005 年）

石头胡同（摄于 2009 年）

石头胡同

　　石头胡同位于西城区，呈南北走向。南起珠市口西大街，北至铁树斜街，全长 448 米，均宽 5 米。明时称石头胡同，胡同名沿用至今。明代由南京迁至北京时，修建紫禁城和北京城的城墙，需大批量石头，据说由外地运来的大理石、汉白玉等全部暂存在此胡同中，就这样，石头胡同就被人们叫起来了，已有 600 年历史。

百顺胡同（摄于 2005 年）

📍 百顺胡同

　　百顺胡同位于西城区前门大栅栏地区的西南部，呈东西走向。东起陕西巷，西至小百顺胡同，南侧与胭脂胡同相交，全长 245 米，均宽 5.7 米。

　　明代此处种有柏树故名柏树胡同，清代更名为百顺胡同。这条胡同曾是中国京剧的发源地。京剧创始人程长庚曾住在胡同中的 36 号。百顺胡同 55 号住过一位德高望重的京剧耆宿——陈德霖，他曾在程长庚的四箴堂科班学习青衣刀马旦，29 岁选入清宫升平署，进宫演戏，深得慈禧太后赏识；50 岁后被尊称为剧坊"老夫子"，为梅兰芳、尚小云等六大弟子传授技艺。

胭脂胡同

胭脂胡同呈南北走向，北起百顺胡同，南至珠市口西大街，全长100米，均宽5.7米。胭脂胡同原名为胭脂巷，最初因为这条巷子里胭脂水粉较为出名，质量上乘，八大胡同的青楼歌女不约而同地都会来此购买胭脂水粉，由此得名。

胭脂胡同（摄于2006年）

韩家胡同

韩家胡同位于大栅栏地区西南部，呈东西走向。东起陕西巷，西至五道街。因地势低洼、积水成潭，清代内阁学士韩元少在此居住，改称韩家潭，1965年改为现名。清康熙初年，戏剧评论家李渔寓居于此，建芥子园，后改为广州会馆。四大徽班进京的三庆班也曾住在韩家潭。

韩家胡同·庆元春（摄于2006年）

陕西巷

　　陕西巷位于西城区，呈南北走向。南起珠市口西大街，北至铁树斜街，全长 500 多米，是当年京城八大烟花柳巷之一。清末民初这里变成了风月场所。除了青楼还有酒楼、澡堂、药店、书茶馆、鸦片馆等。

　　陕西巷里的云吉班头牌名妓小凤仙与当时的乱世英雄蔡锷相识，并冒险把蔡锷从袁世凯魔爪中解救出来，他们共同在陕西巷演绎出一段传奇故事。

陕西巷·上林宾馆（摄于 2006 年）

陕西巷·上林宾馆内景（摄于 2006 年）

大百顺胡同（摄于 2005 年）

大百顺胡同（摄于 2005 年）

大百顺胡同

　　大百顺胡同起于韩家胡同，止于小百顺胡同，东北走向，全长 250 米，均宽 5 米。它位于百顺胡同的西端，其西侧与五道街相邻。大百顺胡同的特点是弯多而宽窄不一，呈"U"字形。

棕树斜街四合院（摄于 2009 年）

◉ 棕树斜街

　　棕树斜街（原王广福斜街），位于西城区，呈东北西南走向。东北起自大力胡同西口，西南至石头胡同，全长 310 米，均宽 7.8 米。棕树斜街，清代称王寡妇斜街，1965 年改为现名。

棕树斜街内门面上的历史遗迹"一品香澡堂"（摄于 2019 年）

西城区白塔寺周边的四合院建筑群（摄于 2017 年）

青砖灰檐鱼鳞瓦，天棚鱼缸石榴树，先生肥狗胖丫头

形形色色
四合院

COURTYARDS OF ALL KINDS

四合院
门的制式
各种装饰组件

四合院

COURTYARDS

　　北京四合院都是青砖灰瓦的平房。它始于 12 世纪金代，四合院无论其文化内涵与建筑艺术均达到极高水平。

　　四合院的规模，分大、中、小三种规格。大者如亲王府邸，小四合院多如牛毛，住着平民百姓。中型四合院，多住着名人士绅，建筑的方方面面，都比较讲究。四合院有一进、二进、三进院，院落由门、影壁、垂花门、廊、倒座房、正房、耳房、厢房等组成。家庭成员按长幼居住，长辈住正房，晚辈住厢房，倒座房用于会客书房外，也作佣人住房。至于台阶大小、门墩形状、大门形式、玲珑精巧的花园，均能显示出当时等级森严的社会层次。

　　过去，标准四合院的配置，是天棚、鱼缸、石榴树。一般四合院也种植丁香、海棠、桃树、石榴、枣树等，寓意多子多福。老四合院门前必有槐树，槐树有多老院子就有多老。

　　院门的门板上，多有如意吉祥的楹联，雕刻艺术，如砖、木、石雕等，也被广泛采用。

　　四合院是历代劳动人民创造出来的建筑形式，众多四合院组成的千百条胡同，也是老百姓休养生息、千姿百态的家，是千千万万老百姓修身立命之处。同时，记载了流传至今的生活方式和家庭观念，并留给我们极其丰富的文化遗产。

　　北京城大到皇帝的紫禁城、王府绅士的宅院，小到老百姓的独门别院，放眼望去，整个城内就是规模不等、错落有致的四合院，相互圈合，相互依存。

原孟端胡同四合院内回廊（摄于 2015 年）

原果亲王府邸

原是清康熙第十七子果亲王允礼的府邸，后给了雍正第六子，此宅院为三进院落，院内布局完整，有建筑精美的游廊、保存完好的砖雕和垂花门及两棵百年以上的丁香树。该院落由于城市改造，整体迁移至西四南大街，目前是北京保存尚好的四合院之一。

小翔凤胡同四合院（摄于 2005 年）

西堂子胡同·左宗棠旧宅院

西堂子胡同位于王府井大街东侧，呈东西走向。东起东四南大街，西止王府井大街，全长 539 米，宽 6 米。西堂子胡同，明代称堂子胡同，清代称西堂子胡同。25 号、27 号 1984 年被定为北京市文物保护单位。

著名文物专家、历史学家朱家溍在《北京闻见録》中说道：

我幼年住在北京东城区西堂子胡同。当时门牌 17 号，现在是 29 号、29 号旁门、25 号、27 号。这所房子当时是向亲戚左孝同租住的。左孝同是左宗棠之子，左家之前的房主是清代大学士英和的后代。英和字煦斋，索绰络氏，满洲正白旗人，乾隆五十八年（1793 年）进士。这所房子，银朱油大门，硬山卷棚式，门外对面八字影壁，影壁的东面有一个车门，是马号（马圈和车房）。大门左右有上马石，门内一字影壁。

这所房子我家住到 1922 年，因与房东左家商议买下这所房子，当时索价三万元（银圆），已讲定，后来左孝同与儿子左台孙意见不一致，我们就搬了家。这两所院子工料都非常讲究，大约是德保时期的工程。左家是光绪六年（1880 年），左宗棠平定关陇、收复新疆之后奉旨入京授军机大臣，兼管总理各国事务衙门的时期，到光绪十年（1884 年）入京再值军机的时期。后来法国侵略军大举内犯，左宗棠出京视师福建，卒于福州，前后在西堂子胡同住的日子不多。后来左家的人都在南方。民国四年（1915 年）左孝同把房子租给我家，这是我在北京住过的第一所房子。

西堂子胡同四合院（摄于 2015 年）

西堂子胡同四合院（摄于 2015 年）

大金丝胡同四合院（摄于 2006 年）

普渡寺西巷·紫禁城下的四合院宾馆（摄于 2006 年）

西交民巷四合院

　　西交民巷西口路北 87 号是一所大宅院，坐北朝南。内有太湖石假山，院落设计精巧别致，面积达 3000 多平方米。院中有北房三间，东、西耳房各两间，东厢房五间，没有西厢房，西侧是与花园相通的游廊，再后为三进院落。

　　西院花园前半部东侧是太湖石假山，山上镶嵌有汉白玉题字刻石，其中有乾隆御笔的"普香界"、嘉庆御笔的"护松扉""翠潋"等。

①②③西交民巷四合院（摄于 2005 年）

📍 建筑彩画

　　彩画也有严格的等级要求。建筑上的彩画，在我国历史悠久。清代发展至顶峰，且种类繁多，花色多样。清代宫殿上的彩画大致可归纳成四大类：琢墨彩画、五墨彩画、地仗彩画、苏式彩画等。但在古建筑界通常分为和玺彩画、旋子彩画、苏式彩画三大类。

　　和玺彩画是宫殿彩画的最高等级。其最大特点是用各种不同姿态的龙或凤图案组成整个画面，其间缀以祥云、花卉，大面积沥粉贴金，产生金碧辉煌的效果。它分为金龙和玺彩画、龙凤和玺彩画、龙草和玺彩画等名目，如太和殿、乾清宫、养心殿内外檐梁大木间都是金龙和玺彩画，坤宁宫、慈宁宫则为龙凤和玺彩画，体仁阁、弘义阁则为龙草和玺彩画。

　　旋子彩画级别低于和玺彩画。明代宫中施用的都是旋子彩画，清代才由此发展出和玺彩画。两者的画面和色彩搭配大体相仿，主要的区别在藻头。其中心称花心，即旋眼，花心的外圈环以两三层重叠的花瓣，最外圈绕以一圈涡状花纹，称"旋子"。现故宫三大殿正殿、四崇楼、体仁阁、弘义阁用的是和玺彩画，其中左、中右、后左、后右各门及四围廊院则用旋子彩画。

　　宫中苏式彩画是清代中后期出现的一种装饰彩画，因其最初仅使用于苏州园林之中，故名苏式彩画，引入皇宫后也多用于御花园中。后来也用在生活区，如西六宫的储秀宫、体和殿等，其主要特点是彩画中多用龙凤、花卉、鸟虫等图案，或绘以亭台楼阁、山水花鸟、人物博古之类。

庆王府内原汁原味的彩绘（摄于 2006 年）

秋天的四合院（小石桥胡同盛宣怀旧宅，摄于 2006 年）

院内游廊（摄于 1999 年）

四合院的门

北京四合院的屋宇式门主要有：王府大门、广亮大门、金柱大门、蛮子门和如意门。

广亮大门，是仅次于王府大门的屋宇式宅门，是具有相当品级的官宦人家采用的宅门形式。大门的门扉设在中柱之间，一般有自己的山墙。在中柱上有木质抱框，框内安朱漆大门，房梁全部暴露在外，台基较高，门口宽大敞亮，约占据一间房的位置，可供卫士把守。旧时，广亮大门只许王公大臣等高官使用。

金柱大门，是皇朝时中低官员的宅门，它在形制上低于广亮大门，其最大区别在于门扉设在前檐金柱之间，而不是中柱之间。金柱大门过道的特点是门外浅门内深，但大门的构造、屋顶、雕饰等基本与广亮大门相似。

蛮子门，特点为门扉位于檐柱之间，门扉外没有门廊。等级低于广亮大门和金柱大门，其院内主人大多来自南方富裕人家。

垂花门，是四合院内宅的门，一般建造在建筑群的中轴线上，在四合院院落群中起着分隔内宅、外宅的作用，垂花门因其檐柱不落地，而且被彩绘呈垂柱状，称垂花门。垂花门建筑外形华丽精巧，具有很强的装饰美化作用。垂花门具有两种功能，一为防卫，二为屏障。古时形容女子"大门不出，二门不迈"的二门即指垂花门。

如意门，指普通人家四合院采用的屋宇宅门，特点在前檐柱间砌墙，在墙上留门洞，安装门框、门槛等，其形式五花八门，可依经济实力随意装饰，大都比较朴素耐看。

翠花胡同

翠花胡同位于东城区王府井大街北端路西，呈东西走向。因此处大多是皇宫王府种花的花房而得名。胡同西口深宅大院"翠园"是一处历史悠久的古宅，曾经有多位风云人物在此居住。

翠花胡同·翠园（摄于 2006 年）

门的制式 （摄于 2005~2008 年）

DOOR SYSTEM

千竿胡同蛮子门（摄于 2005 年）

东四八条如意门（摄于 2005 年）

东四八条广亮大门（摄于 2008 年）

方家胡同金柱大门（摄于 2008 年）

黄米胡同四合院八字门（摄于 2008 年）

各种装饰组件 （摄于 2001~2005 年）

VARIOUS DECORATIVE COMPONENTS

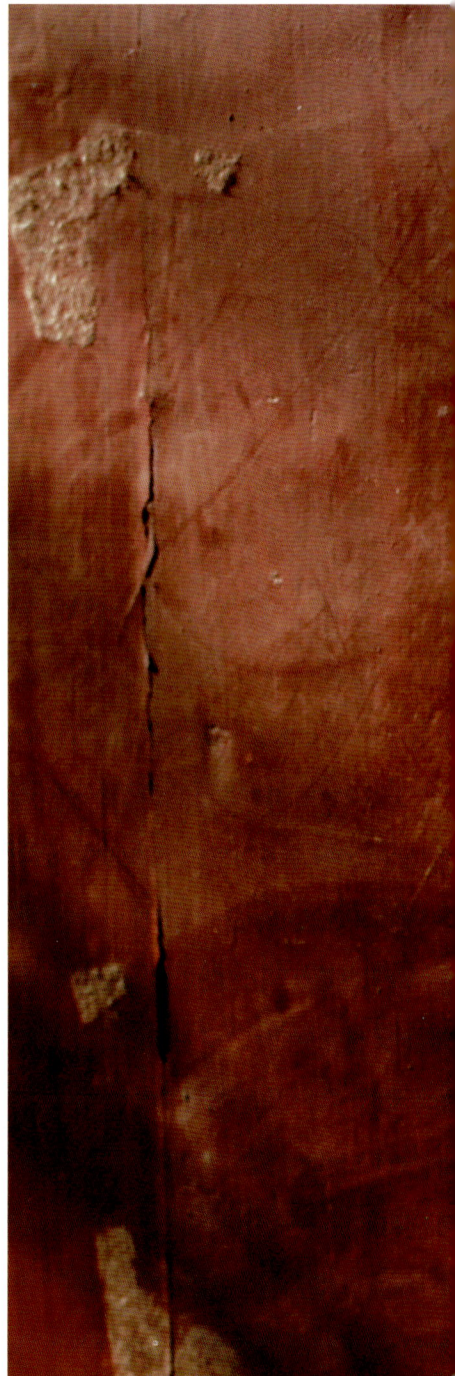

门钹

　　门钹是古代用来叩门的响器，又有装饰作用，门钹有铜制和铁制的两种，用铆钉固定在两扇宅门的左右两端，形状有圆形或扁叶形。王府的门钹是铜制的，上面雕有张着嘴吼叫形的狮子头，嘴下带有半圆形的叩门环。官宦、商贾的宅门均系铜制六角形的门钹，叩门环儿多用扁叶形铜环。百姓则是用铁制六角形门钹、扁叶叩门环。随着时代的变迁，现如今门钹已演变为装饰物。

📍 门墩

　　北京胡同无论大宅小户家家门前均有门墩，上面刻有吉祥之物。门墩是四合院用来支撑正门或中门的门框、门槛和门扇的石头，门墩多以青石雕刻，其形状有石鼓形、箱子形、狮子形等。门墩不但是四合院不可缺少的重要建筑部分，也成为人们文化精神的载体。

　　门墩可分为抱鼓门墩、箱形门墩、异形门墩、滚墩石。

棉花下五条抱鼓形门墩
（摄于 2006 年）

梅花图案：梅开百花之先，因此梅花常被民间作为传春报喜的吉祥图案。

葡萄与松鼠图案：松鼠寓意多子多孙，葡萄成串寓意多子多福、富贵长寿。

竹子图案：寓意平安吉祥、人的职位和生活节节高升。

艾草图案：也叫艾叶。民间端午节时都要悬挂此物，是驱魔辟邪的传统吉祥物。

　　兽高浮雕和合二仙箱形门墩，这对儿门墩雕刻十分精美，门墩正面雕刻梅花和喜鹊，寓意喜上眉梢；外侧雕刻的是海马祥云，寓意吉祥、腾达；内侧雕刻的是和合二仙。内侧包袱角上雕刻的是鹌鹑、瓶和麦穗，寓意岁岁平安；外侧包袱角上雕刻的是松鼠和葡萄，寓意多子多福；正面包袱角上雕刻的是狮子。

門墩有佛八宝：海螺、盘长、金轮或法轮、宝伞、金鱼或宝鱼、宝瓶、莲花、宝盖。

寓意：它是佛教传说中的宝物，由八种象征吉祥的器物组成，人们视它为吉祥之兆，故在中国传统装饰中应用广泛。

道八件分别为：葫芦、剑、扇、鱼鼓、笛、阴阳板、花篮、荷花。

寓意：道家八仙人物过大，无法雕刻在门墩上，因此门墩上的道家八宝多用八仙的法器。

⦿ 砖雕

　　四合院屋宇的戗檐、博风、正脊、垂脊、戗脊以及镶嵌雕刻在它们上面千姿百态的各种装饰图案，使四合院的建筑更具有中国传统的文化风格。

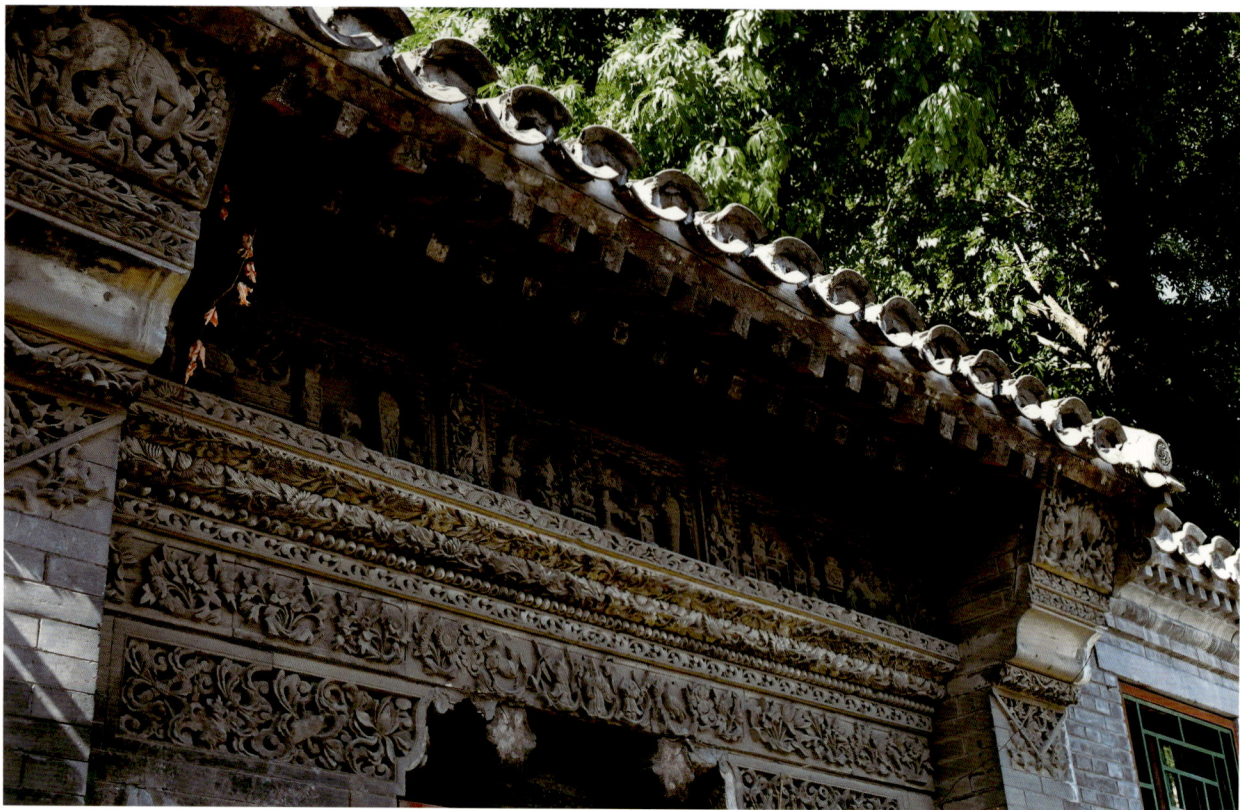

三眼井胡同雕刻精美的砖雕（摄于 2006 年）

⦿ 东棉花胡同

　　东棉花胡同 15 号的四合院为三进院。院内二门约 4 米高、2 米多宽，周身雕刻细密的花纹，下为石雕须弥座，座上均为砖雕，上有花卉、走兽，顶部有岁寒三友等图案。这座砖雕来自民国，堪称精品。此院落原为清末年间吉林将军凤山住宅，现为北京市文物保护单位。

东棉花胡同四合院砖雕（摄于 2006 年）

影壁

影壁是建筑宅院前的一种建筑形式，与房屋、院落相辅相成，组成一个不可分割的整体。

影壁大致有三种形制：

一是大门内的"一"字形影壁，距门内丈余（又分为独立影壁和座山影壁）。是一堵独立的墙壁，称为独立影壁；也有利用厢房的山墙直接砌出影壁形状样式的，称为座山影壁。

二是大门外的影壁，又称照壁，常建在胡同或街的对面正对宅门处。

三是位于大门两侧的影壁，称"撇山影壁"或"反八字影壁"，与大门檐口成 120° 或 135° 夹角，平面呈"八"字形状。

影壁的装饰讲究，由于门第与财力的不同，装饰形制和规模有所区别。一般雕刻精美，中间雕刻有"福""鸿喜"等字样。

车辇店胡同四合院内影壁（摄于 2005 年）

演乐胡同老院落的随墙影壁（摄于 2006 年）

铁影壁

　　这是北海公园内的铁影壁，铁影壁并非铁制，只是影壁质地为中性火成岩，色红如烧铁，故而得名。这座铁影壁为脊吻瓦檐，长丈二，高六尺，檐下影壁两面各浮雕一只骏猊踏于波浪之上。旧时传说北京多风沙，系风伯、云童作怪，龙王派两个儿子变成翁媪治服魔怪，百姓感念龙恩，便雕刻了这座铁影壁。影壁元朝时立于健德门外龙王庙堂前，明代移至德胜庵前。1946 年，此影壁又移至北海澂观堂前。德胜庵今存，在鼓楼西大街八步口胡同附近。清代因之，称其为铁影壁胡同，民国亦名。

北海公园的铁影壁（摄于 2018 年）

包叶

包叶是铆钉在两扇宅门下端的保护装饰，包叶有铜制的，也有铁制的，还起到一定的美化装饰作用。

包叶（摄于2005年）

鸱尾

有些四合院顶上正脊两端的饰物，俗称"蝎子尾"，又称"鸱尾"。

鸱尾（摄于2005年）

长巷二条民居戗檐，雕刻精美的砖雕（摄于 2006 年）

盛芳胡同砖雕（摄于2005年）

门簪（摄于2015年）

📍 门簪

　　门簪是锁合中槛和门龙的一个长榫，是显示主人社会地位和身份的重要标志。门簪有四个或两个之分，按形状分为圆形、六方形、花瓣形等，有刻花卉图案和吉祥文字的，一般多为六方形。仿佛寓意吉祥如意、平安顺遂、紫气东来。

📍 门联

　　四合院的门联是北京胡同文化的重要载体，有些老的门联达到上百年的历史。虽然这些门上的门联历经风霜的侵蚀，斑斑驳驳，但做工精细，给人以美的享受，而文字内容也有着潜移默化的教育意义。

　　门联内容一般反映了宅院主人的追求或信仰。如"忠厚传家久、诗书继世长""国恩家庆、人寿年丰"等。（摄于 2008 年）

①忠厚培元气，诗书发异香
②天临华盖星辰近，地接蓬壶雨露深
③和风甘雨，景星庆云

黑芝麻胡同上马石（摄于 2006 年）

"上马石"也被称为下马石，摆放在大户宅院门前两侧，备有两步台阶用来上马、下马。

在时光流动中向前行走

在时光碎影中寻找乡愁

时光如画的京城碎影

THE ANCIENT ARCHITECTURE OF THE CAPITAL IN THE SHADOWS OF TIME

家在白塔槐荫下

中轴线

胡同里的商业市井

胡同里的老教堂

家在白塔槐荫下

——晓芙

HOME IN THE SHADE OF THE WHITE PAGODA

北京老城的西北角，从西直门到阜成门以东，是一条条胡同串起的密密匝匝的一大片平房，一条 7 路公共汽车线路沿赵登禹路贯通其间，从新街口到白塔寺中间有一站叫祖家街，是一条胡同的名字，那是我成人之前的乐园。

祖家街是东西向的，名为街，其实就是一条胡同，并不长，很清静，从东到西街面上也就十来个门儿，但它比一般的小胡同的确宽一点，究其原因，我以为是东头路北第一个大宅门儿使然。当然，我生活在那儿时，根本没想过这件事，小孩儿哪管那些！

后来，我才知道，祖家街之所以叫祖家街，正是因为那第一个大宅门儿。它是明末清初将领祖大寿的宅邸。那是 17 世纪中叶的事，距今已有近 400 年的历史了。遥想当年，一位骁勇战将的宅门前，车来马往的胡同太窄了也不行吧。祖大寿去世后，宅邸改为祖家祠堂，再后为八旗官学，民国时为京师公立第三中学，1949 年后就是北京市第三中学了。

我家搬到祖家街时，那儿已经是北京三中了。我家的街门毗邻三中，就在三中校门的西边，门前是浓荫密布的老槐树；院中格局是三进院子。据父亲后来考证，我们住的这个小宅门，原是祖家大宅的西跨院儿。

我家住第三进院子，北京人叫"后院儿"。我的父亲母亲都不是老北京，父亲祖籍婺源，寄籍如皋，母亲是南京人，他们年轻时随家人来到北京，然后求学，后来就一直生活、工作在北京。他们真是热爱北京，爱北京的历史文化、北京的风俗、北京人的友善礼貌。他们早已习惯并融入了北京人的生活，连南方口音都改了，说一口并不地道的北京话。

母亲在院里种了丁香树、葡萄藤，在院子东边开辟了花圃。每到春天，院子里弥漫着紫丁香的芬芳；夏天，小院儿里姹紫嫣红，茉莉花、非洲菊盛开，墙上爬满了藕荷色的牵牛花；秋天里，菊花泛着冷香，串儿红热热闹闹地直开到初冬，客人来了无不啧啧赞叹。

说起祖家街，就不能不提白塔寺。白塔寺在祖家街的南边，以父亲诗意的形容，从我家到白塔寺，仅是"一牛鸣"的距离。

在一片平房中高耸的白塔，巍峨挺拔，雄据于古城的西北一隅。我从小儿就常听前院儿的白爷爷说："元朝建的白塔，六七百年了！咱们住在跟前儿的，都是有福之人啊！"心里充满了神秘的敬重。长大一些后，我经常跟着大人去白塔寺庙会，那么热闹的市井民俗，那么多吃的、玩儿的，每次去都舍不得回家。再大，上学了——北师一附小、女三中，每天上学放学，来回要走四趟，无论我朝哪个方向走，白塔都远远地跟随着，仿佛是我的守

白塔映衬下的百年丁香（摄于 2015 年）

护神。姐姐的一个同学住在白塔寺夹道，在一次早期的胡同探险中，我们在很窄的胡同拐弯处看到靠墙根儿立着一口大钟，很沉很重的样子，姐姐的同学告诉我，大钟是从白塔上掉下来的！那钟足有一人高！我仰头看高耸的白塔，上面挂着的小钟儿被风吹得晃动着，发出悦耳的撞击声。真想不到，在下面看着的小钟儿，竟然有那么大！

小学放暑假了，母亲找出一块蓝绿条纹的绸子，裁剪一件我夏天穿的小筒裙，教我手工缝纫。我拿一个小板凳，放在门口老槐树的阴凉儿下，先不着急缝，而是左看看，右看看。看什么呢，——那些老槐树，真是让我喜欢！胡同两边的槐树，高处的枝丫互接连理，仿佛给整个胡同覆盖了美丽的穹顶，泛着幽幽的绿光。多少次，当我走出胡同，回望这绿荫密布的景象，心里充满了感动。树上的知了有节奏地唱歌，阵阵凉风吹来，胡同里一派静谧、安详，我知道不远的"一牛鸣"之地有静静矗立的白塔，心里格外沉静。我无须赶工，看一阵，再低头不紧不慢地缝几针，直到母亲叫我吃饭，才起身回家。经过前院儿，白奶奶夸我，"二姑娘真坐得住！"母亲看看我的针线活儿，也说"针脚密实"。在大人们的鼓励下，我从容地完成了我的第一件"女红"，也练就了沉静的心性。

以后无论走到哪儿，在遥远的北大荒、在紧张地赶回被耽误时间的大学校园，艰苦的独立生活考验着每个人，任是什么都难不住我，做事情也能稳得住、沉得下心。"爱女喜功亦静嘉"是父亲后来对我赞许的诗句，每每忆及，心存温暖与感激。

而在我的心底，真心感恩在成长的岁月里始终陪伴我的白塔与槐荫。

如今随着城市的改建，当年我们那温馨的小宅院早已不复存在了。

无数次梦见巍巍白塔、浓密槐荫，我总会失落许久。

朱绮，笔名：晓芙
中国作家协会会员
原中央戏剧学院戏剧文学系主任

祖家街·北京市第三中学（摄于 2019 年）

中轴线

THE CENTRAL AXIS

北京城中心有一条长达 7.8 公里的中轴线，从永定门到钟鼓楼。老北京城建筑布局中的中轴线是很出名的，像这样恢宏、这样壮观的中轴线在世界城市中绝无仅有，是极罕见的。在这条中轴线上，有闻名世界的紫禁城、景山，有风格独特的钟楼和鼓楼……还有中华人民共和国成立后修建的天安门广场、人民英雄纪念碑、人民大会堂、历史博物馆和革命博物馆，还有毛主席纪念堂。在中轴线的两侧，有太庙、社稷坛，有天坛、先农坛、北海、皇史宬等。总之，体现北京作为政治和文化中心、历史文化名城，以及千年古都的标志性建筑，似乎在这条中轴线上都得以展示。代表共和国的五星红旗，每天清晨和傍晚，都是由国旗班的战士，踏着正步、走在广场的中轴线上去升降。

相比之下，贯穿世界上很多有名的城市中心的往往是一条河。考古界通常认为，人类最初的城市大都建立在河流两岸，那体现得更多的是人与自然的关系，是人类生存的需要和文明发展的选择。而北京的中轴线却是多少代国人在城市建筑上杰出智慧的设计范例，因此它能有严格的左右对称和层次递进，设计精确、起伏有序，有实用性和意识形态的高度统一，它的构成是我们祖宗两千年封建伦理、皇权至高无上的观念在城市建设中的体现。当然，任何一种建筑形式，都不可避免地要反映时代的思想和审美取向。今天，中轴线所包容的建筑形式和理念作为宝贵的文化遗产被研究和发扬。

北京的中轴线是屹立在世界东方的大国首都的一条龙脉，有它特有的庄严之美、堂堂正正的气派和丰富的人文内涵。

正阳门城楼（摄于 1985 年）

正阳门

正阳门是明清北京内城的正南门，始建于明永乐年间（1403—1424 年），位于北京城南北中轴线上，原名丽正门，明正统元年（1436 年）改称正阳门。是内城九门最早建成的门，也是形制最大、最为壮丽的城门，它是一座完整的古代防御性建筑。现存的城楼和箭楼是 1900 年焚毁后重建的，也是目前北京城内唯一保存较完整的城门。

正阳门是皇帝出行或祭祀的正门。按照中国传统，南向为正、为前。于是正阳门也就有了前门的俗称。不过，明、清时期的正阳门并不单指正阳门城楼，而是由正阳门城楼、箭楼、瓮城、正阳桥和牌楼组成的庞大建筑群。几百年来，人们说去前门逛逛，实指前门外繁闹的商业区。久而久之，前门就成为一个区域的代名词了。

正阳门箭楼（摄于 2002 年）

天安门广场（摄于 2009 年）

鼓楼（摄于 2009 年）

雪后的前门大街五牌楼（摄于 2009 年）

雨后的前门大街五牌楼（摄于 2019 年）

📍 粮食店街·镖局

粮食店街位于前门大街西侧，北起大栅栏街东口，南至珠市口西大街，全长 509 米。清乾隆时，曾名"粮食夹道"，因街内曾是粮食市场而得名。1911 年后称"粮食店"，1965 年北京市整顿街巷名称时改为现名，沿用至今。坐落于粮食店街南路西 73 号的会友镖局开业于康熙末年，是老北京规模最大、持续时间最长的一家镖局，其旧址现为粮食店街第十旅店，现为北京市文物保护单位。

粮食店街·镖局（摄于 2019 年）

来今雨轩·百年茶社

　　它建于 1915 年，是著名的茶楼和饭馆，也是近代一些社会名流聚会之所。由当时中山公园董事会发起成立，轩名为北洋政府内务总长朱启钤所定，取自杜甫《秋述》诗小序"秋，杜子卧病长安次旅，多雨生鱼，青苔及塌，常时车马之客，旧雨来，今雨不来"，"旧雨"指旧友，"今雨"指新友，"来今雨"意谓新旧朋友来此欢聚。原匾额由北洋政府大总统徐世昌题写。落款是水竹邮人，现匾额已不存。建成后，由赵升承开设华星餐馆和茶社。

　　1918 年 11 月，李大钊在来今雨轩发表了著名的演说——《庶民的胜利》，点燃了革命志士心中救国图存的火种。1919 年 7 月，由李大钊等人发起成立"少年中国学会"后，李大钊、毛泽东、邓中夏、高君宇等多次到此参加学会的聚会、座谈会，阐明政治主张。

　　1929 年，继由王尧年经营，经营期间不少当时的文化名人、社会团体来此品茗、集会、交谈，在京城颇负盛名。

来今雨轩茶社（摄于 2016 年）

格言亭（摄于 2016 年）

📍 格言亭

　　出于既可规戒世人，又可增添景观之格言有治病救人之意、又称药言亭、药石亭。石柱上的格言在中华人民共和国成立初期被磨掉。八柱格言分别是："朱子之言曰：尽己之谓忠，推己之谓恕；孟子之言曰：国之本在家、家之本在身；子思之言曰：温故而知新，敦厚以崇礼；阳明之言曰：知是行之始，行是知之成；丹书之言曰：敬胜怠者吉，怠胜敬者灭；武穆之言曰：文官不爱钱，武官不惜死；程子之言曰：主一之谓敬，无适之谓一；孔子之言曰：自古皆有死，民无信不立。"

📍 什刹海

钟鼓楼西南不远是有名的什刹海，它包括积水潭（又称西海）、后海和前海，也称"后三海"，从德胜门逶迤蜿蜒数华里，与北海、中海和南海组成的"前三海"连成一片。

元朝时，什刹海是大都城里的码头、南北漕运的终点，"川陕豪客，吴楚大贾，飞帆一苇，径抵辇下"。当时的什刹海上，樯橹成片，桅杆栉比，船歌高亢，一派繁忙景象。

历经明、清，什刹海已成为游乐消夏之所、燕京盛景之一。文人墨客成群结队地来此观景作诗、落户安家，从元代的赵孟頫到明代的袁崇道、袁中道、袁宏道三兄弟；达官显贵也扎堆云集，恭王府、庆王府、会贤堂，以及住过纳兰性德、溥仪生父与宋庆龄的醇亲王府。纳兰性德在《鹧鸪天·离恨》里写"何时共泛春溪月，断岸垂杨一叶舟"，或许就是他推开门看到的什刹海景色。

民国时的什刹海，是知识分子的聚集地。辅仁大学的老校址在这里，既有中式的房檐、庭院、假山、回廊，也有西式的教室、宿舍、桌椅、书架。师生都是灿若星辰的人物——胡适、陈垣、傅增湘、季羡林、范文澜、郑振铎、罗常培、叶嘉莹、王光美……

每到夏季，这里荷塘十里，游人如织。傍晚时分，梁实秋常陪家人到会贤堂吃饭，"入座后必先进大冰碗，冰块上敷以鲜藕、菱角、桃仁、杏仁、莲子之属"，饭后还要撑几只荷花莲蓬回家。老舍也在《四世同堂》里写道："什刹海畔借着柳树支起的凉棚内，也可以爽适的吃半天茶，啊几块酸梅糕，或呷一碗八宝荷叶粥。"

中华人民共和国成立后，什刹海依然是京城里最具平民气息的休闲场所。那里的滑冰场，曾是四九城时尚的最前沿，青年们在这里溜冰、打冰球、玩冰车，留下无数记忆。

20世纪90年代末，"酒吧街"的建设让什刹海"改头换面"。后海一带，酒吧星罗棋布，外国人熙熙攘攘，切格·瓦拉、毛泽东和雷锋的头像随处可见，卖檀香扇、旗袍和蜡染的生意红火。灯红酒绿、处处笙歌里，潜伏着北漂大军的野心与幻梦。

什刹海一直在变，也一直没变，那一潭碧水里，始终都有人间烟火，他们是晨练的大妈、下棋的大爷、滑冰的青年、遛弯消闲的普通人——这才是北京最稳固的日常底色。

📍 银锭桥

银锭桥，明代所建，平桥外敞，如银锭形状，故此得名。银锭桥为前后海分界，也是沟通前后海的津梁。银锭桥西面是后海，视野开阔，晴天时，向西望去，可以看到西山的轮廓，成为燕京小八景之一的"银锭观山"（燕京小八景为：银锭观山、东郊时雨、西便群羊、南囿秋风、燕社鸣秋、长安观塔、回光返照、西直折柳）。

什刹海·银锭桥（摄于 2010 年）

什刹海金锭桥（摄于 2014 年）

钟鼓楼

北京钟楼、鼓楼始建于元至元九年（1272年），两楼一高一矮、一横一竖，历经世事沧桑700余载，至今矗立在京城的中轴线上。

钟鼓楼曾是元、明、清三代的报时中心。钟楼撞钟报时辰，于每日黄昏鸣钟108响，随后起更，次日清晨再鸣钟一次；鼓楼击鼓定更次，于每日交更（晚7时）击鼓13通，随后每一更次击鼓一通。文武百官听到三通鼓便起床，四通鼓时赶至紫禁城午门，五通鼓则鱼贯入朝。

红身绿瓦，暮鼓晨钟。民国的老人们回忆当时，鼓楼前多是卖风味小吃的，扒糕、凉粉、炒肝，举不胜举；鼓楼后边则是一条窄窄的街巷，走过，便是一片空场，说书的、变戏法儿的、唱大鼓的，支个棚子或画个白圈，一阵紧锣密鼓后便开演。夏天还有卖荷叶粥的，淡淡的绿色，清香爽口。做这种粥要用鲜嫩的荷叶，离鼓楼一箭之地的后海，荷叶多得很，正好就地取材。

这里一直是北京人娱乐休闲的地方，他们在胡同里奔跑，在广场上玩闹，在周边闲逛、下棋。1994年，中国香港红磡体育场，"中国摇滚乐势力"演唱会上，来自北京的青年何勇唱起了《钟鼓楼》，他的父亲何玉生身穿长衫、弹着三弦，他的朋友窦唯，吹着笛子伴奏，成为刻在乐迷心头的经典瞬间。

"单车踏着落叶看着夕阳不见，银锭桥再也望不清那西山。水中的荷花，它的叶子已残，倒影中的月亮在和路灯谈判，说着明儿早晨是谁生火做饭，说着明儿早晨是吃油条饼干。"当年25岁的何勇唱道，"钟鼓楼吸着那尘烟，任你们画着他的脸。你的声音我听不见，现在是太吵太乱。"

如今，钟鼓楼附近早已成为商业聚集区，琳琅满目、灯红酒绿处，总难免"太吵太乱"。钟鼓声早已飘散，成为永远的乡愁。

鼓楼（摄于2014年）

钟楼（摄于 2014 年）

万宁桥

万宁桥始建于元世祖至元二十二年（1285年）。这座建在京城中轴线上的单孔石拱桥跨什刹海入玉河。因紧邻地安门（皇城的后门），称为后门桥。又因其坐落在什刹海边，民间也称作海子桥。

万宁桥（摄于2014年）

胡同里的商业市井

MARKETPLACE IN HUTONG

📍 大栅栏

前门外，最著名的商业街就是大栅栏了。以前的民谣说："大栅栏里买卖全，绸缎烟铺和戏院，药铺针线鞋帽店，车马行人如水淹。"

这条不到 300 米长的街道，原名廊房四条。明朝的北京城，为防止夜贼逃窜，朝廷批准，在街道巷口设置木栅栏，宵禁时间一到，便放下栅栏，禁止外出。久而久之，"大栅栏"就成为廊房四条的代名词了。

1644 年，清朝定都北京，内城只许八旗军民居住，又禁止开设旅店、餐馆、茶社、戏院，大批汉人和生意人穿城而出，手工业者、杂耍艺人、烤鸭厨师、京剧演员，纷纷会聚大栅栏，大大小小的胡同里，遍布铁匠铺子、丝绸绣坊、大戏台子——大栅栏俨然成为北京最人声鼎沸、鱼龙混杂的市井生活聚集地。

1900 年，义和团进京，一把大火从大栅栏的老德记药房烧起，密密匝匝 4000 多家店铺毁于一旦。大火烧掉了木质的栅栏，新的廊房很快从废墟中冒了出来。重建后的大栅栏热闹依旧，曾先后有过 5 个大戏楼：庆乐园、三庆园、广德楼、广和园、同乐园。民国初年，北京第一家电影院——大观楼电影院就开在这儿，中国首部电影《定军山》也是在这里上映。

如今，大栅栏经历重建，又恢复了热闹繁华。只是站在游人如织的商业街上，现代的气息里再难复现昔日的光景。生于 1947 年的作家肖复兴曾在《蓝调城南》里，如此怀想：

试想一下，你可以在瑞蚨祥里看到当年山西人最初在附近的布巷子里如何经营布匹的，又是如何创建了瑞蚨祥乃至最后鼎足而立的全北京的八大祥的历史；你可以在天蕙斋里看见那些京剧界里大腕们自己和鼻烟一起兴衰的历史，看到那些从料壶、瓷壶、翡翠壶、玛瑙壶，到水晶壶那些名目繁多、色彩纷呈的烟壶艺术，以及与此相关的典故逸事；你可以在同仁堂里看到一部比电视连续剧《大宅门》还要精彩、还要惊心动魄的发家史，是如何和我们民族的兴衰密切关联的药业发展史；聚明斋和聚文斋扇庄里看到中国自明朝就有的折扇、团扇的传统工艺，看到那玲珑剔透的扇子是如何在匠人的手里巧夺天工而制作出来的；你可以在庆乐、同乐、三庆、广德楼和大观楼里，看到一部从徽班进京 200 多年以来国粹京戏的发展史和剧场的发展史；你还可以再到厚德福吃一回铁锅蛋，到张一元喝一壶正经的茉莉花茶，到二庙堂的楼上品一回咖啡或老式的沙氏水，到聚顺和干果铺和长盛魁干果店买一点正宗的北京的果脯和糙细杂拌儿，到聚庆斋饽饽铺或滋兰斋糕点铺买一包用老式蒲包再盖上一层油纸和红纸的大小八件，那该是一种什么样的情景，什么样的滋味？

大栅栏（摄于 2005 年）

大观楼影院（摄于 2016 年）

大观楼

大观楼的传奇要从一位叫任庆泰的年轻木匠说起。

1892 年，留日归来的任庆泰在琉璃厂土地祠开设了北京第一家由中国人开办的照相馆——丰泰照相馆，不久闻名京师，颇受老北京人追捧。任庆泰曾多次应召为慈禧太后照相，每一次都能别出心裁地拍出令老佛爷满意的照片，因此获赠四品顶戴。

1900 年农历庚子年，义和团火烧老德记大药房，位于前门大街的"大亨轩茶楼"也未能幸免。两年后，任庆泰买下了这座残破的建筑，重新修缮，"大观楼"的传奇由此开启。

1905 年，大观楼开始放映电影，成为南城最早的固定放映电影的场所之一。也在这一年，任庆泰在祁罗孚洋行买了一架法国制造的木壳手摇摄影机和 14 卷电影胶片，决定自己摄制一部电影。

拍什么主题？找谁来演？这是个大问题。恰逢"伶界大王"谭鑫培临近六十大寿，任庆泰提出为他拍摄"拿手好戏"《定军山》的想法。两人一拍即合，几个月后，在丰台照相馆中，中国第一部电影《定军山》诞生了，随后在大观楼上映。

这座历经沧桑的老建筑，由此开启了它传奇的后半生。20 世纪 20 年代末，它率先打破了"男女分座"的规定，引发社会轰动；1931 年，中国第一部有声电影《歌女红牡丹》在那里亮相；1948 年，中国第一部彩色电影《生死恨》也在那里公映；直至 20 世纪 60 年代，它开始放映宽银幕立体声的电影，又一次在电影院中鹤立鸡群地拔得头筹。

那是大观楼最辉煌的时候，买票排的长队，麻花一样绕着一个又一个的圈。作家肖复兴在那里看了桑弧导演的《魔术师的奇遇》，还加演一个风光纪录片《漓江游记》。"进电影院，每人发一副特殊的眼镜，看的时候立体的效果就跟变魔术似的出来了，火车就像是冲着自己头顶开了过去，漓江的水也真的就要湿了自己的衣裳。"

然而历史总是吊诡地重演。1976 年 4 月 30 日，本是大观楼影院重新粉刷后开张的日子，喜气洋洋的时刻却被一场突如其来的大火打碎。这场横祸使大观楼影院停映 12 年之久，直至 1988 年 7 月 16 日重新开张。

2005 年时值中国电影百年华诞，大观楼挂上了"中国电影诞生地"的辉煌牌匾，门前摆放的任庆泰雕像基石上，赫然刻着"中国电影之父"几个大字——读懂这座建筑，也就窥见了中国电影的百年沧桑。

全聚德烤鸭店

全聚德烤鸭店总店位于前门大街东侧，是河北人杨全仁于清同治三年（1864年）在前门外创办的。杨全仁十几岁来京靠勤劳节俭攒钱，买了"德聚全干鲜果铺"，后改为全聚德挂炉铺。原来北京烤鸭基本是焖炉制作，杨全仁敢于创新采用挂炉烤鸭技艺，烤鸭外焦里嫩，非常好吃。但由于旧社会经济每况愈下，全聚德经营艰难，中华人民共和国成立后才逐步得到发展。2007年，全聚德作为中华老字号餐饮成功上市。如今，全聚德除在各地有20多家直营企业外，在国内外还有60余家特许加盟企业，年营业收入逾20亿元。

前门全聚德烤鸭店（摄于1984年）

前门全聚德烤鸭店（摄于2020年）

门框胡同夜市（摄于 2005 年）

观音寺街

　　大栅栏西街东起煤市街，西至樱桃斜街和铁树斜街东口交会处。历史上，因其西端有座兴建于明代的"观音寺"而得名"观音寺街"。胡同形成于明代，最初称观音寺，清代时称观音寺街，民国时又改称观音寺，民国后期又改为观音寺街。胡同反复更名，皆因胡同西头三叉路口中间的那座护国观音寺。

大栅栏西街（摄于 2016 年）

充满烟火气的观音寺街（摄于 2007 年）

廊房二条

　　廊房二条位于前门外，长 285 米，均宽 4 米。明时称二条胡同，清代改称廊房二条胡同，民国后称廊房二条，沿用至今。

　　胡同内原有一家爆肚冯小吃店，是享誉京城的老字号。

该店由冯立山创始于清光绪时期，当时在后门桥经营民间小吃爆肚，逐渐受到京城各界人士偏爱，其爆肚的原料（羊肚）讲究各部位切法不同，作料也由包括两味中药的 13 种配料组成，受到众多顾客欢迎。

廊房二条（摄于 2010 年）

南横街·小肠陈（摄于 2005 年）

📍 小肠陈

　　卤煮小肠源自清乾隆年间的一道御膳"苏造肉"，后传入民间经改进演变为卤煮小肠。小肠陈第三代传人陈玉田制作的卤煮——"肠肥而不腻，肉烂而不糟，火烧透而不黏，汤浓香醇厚"，堪称一绝。小肠陈祖传四代制作卤煮小肠，距今已有 100 多年的历史。

📍 六必居

位于粮食店街北口的六必居始建年代说法不同。据历史资料考证，清乾隆六年（1741年），源升号酱园的账本第一次出现"六必居"字号。另据民间相传，六必居始建于明嘉靖九年（1530年）。老字号六必居传统酱菜制作技艺已列入国家级非物质文化遗产名录。

关于"六必居"的含义有几种说法：一是店主为了保证酒的质量，严格规定"黍稻必齐，陶瓷必良，曲叶必实，湛之必洁，火候必得，水泉必香"，"六必居"由此得名；二是百姓生活必备柴米油盐酱醋茶七样，六必居除茶外，样样经营，故名六必居；还有说是六必居为六人合办，请明朝权臣严嵩题"六心居"店匾，严写后觉得六心无法合作，就在"心"上加了一撇，成为"六必居"。

粮食店街·六必居（摄于 2016 年）

琉璃厂

地处和平门外的琉璃厂是"京城文化第一街",商铺林立,经营着书籍碑帖、古玩字画、笔墨纸砚。这些店铺,多为百年老店,且各具特色,如"荣宝斋"的纸、"戴月轩"的毛笔、"一得阁"的墨、"来熏阁"的古书、"萃珍斋"的瓷器等。匾额多出自名家手笔,其中不但有何绍基、祁寯藻、孙怡让、翁同龢等清代大家,也能见到梁启超、华士奎、徐悲鸿、郭沫若等现代名流。

在明《京师五城坊巷胡同集》里,就有琉璃厂的记载。明嘉靖年间,扩建北京城的外城,这里是烧制琉璃瓦的窑厂,就有了琉璃厂的名字。

琉璃厂真正成为文人墨客聚集地,是从乾隆年间开始的。因为编纂《四库全书》的浩大工程,成千上万的文人学士会集京师,这些人多住在宣武门外,上午校阅秘府藏书,下午便到琉璃厂寻检书籍,导致琉璃厂书肆激增,各地书商纷纷携带珍本、善本书籍而来,设肆贩卖,才有了日后的光景。

当时,大批学者就住在附近,《四库全书》总纂官纪昀的阅微草堂,就在虎坊桥路东珠市口西大街 24 号。此外,学者孙星衍曾住在琉璃厂南夹道,诗人龚自珍曾寓居南横街,诗人王士禛住在琉璃厂火神庙夹道,戏曲家李渔也在琉璃厂附近的韩家潭营建了一座庭园,就是著名的"芥子园"。再加上很多外地进京的官员、商贾,也把同乡会馆修建于此,每逢会试,数以千计的举子,直接促进了书店和文具店的繁荣。

对老北京人来说,琉璃厂除了是人文荟萃之地,还有热闹纷呈的春节庙会厂甸。商贩售卖各种小吃和各色玩意儿,如糖葫芦、艾窝窝、油酥火烧、灌肠、春卷、豆汁儿、焦圈,还有各色京派风筝、"牛喇叭""噗噗噔儿""倒流"等玩具,一派熙熙攘攘、人头攒动。

琉璃厂的典故和历史,大概可以写一本书。这里既属于读书人,也属于老百姓,北京城的奥义,或许就在于此。

琉璃厂西街（摄于 2006 年）

📍 中国书店

中国书店于 1952 年成立。在郭沫若、吴晗、郑振铎、张友渔、齐燕铭、邓拓等老一辈学者的倡议下，党和政府在北京成立了国营古旧书店"中国书店"，由郭沫若为中国书店书写了店招，自此北京的古旧书业翻开了新的一章。

在近 70 年的历史中，中国书店以收售古今中外书刊、碑帖、字画的方式，发掘、抢救、保护和传播人类文明遗产，传承着古都北京的文化血脉。旗下包括多家久负盛名的老字号书店，以闻名世界的琉璃厂文化街为主要经营阵地，辐射北京市内各主要商业街区，是拥有图书出版、发行、拍卖、修复以及书画、艺术品销售等多元化经营、产业链延伸的综合文化企业，是享誉京畿、声播海内外的著名文化品牌。

中国书店成立后，汇集了民国以来北京琉璃厂诸多私营古旧书店里擅长古籍装订、修补技艺的老师傅，并组建专业的古籍修复部门，以更好地修复古籍、保护文献、传承技艺。进入 21 世纪以来，中国书店更是加大对古籍修复技艺传承的投入力度，引进用于研究古籍用纸的现代科技设备，将古老的手艺与现代科技相结合，推动修复行业发展。

琉璃厂·中国书店（摄于 2005 年）

中国书店·古籍善本（摄于 2021 年）

南锣鼓巷

南锣鼓巷位于北京中轴线东侧的交道口地区，北起鼓楼东大街，南至平安大街，宽 8 米，全长 786 米，与元大都同期建成，是北京最古老的街区之一，至今已有 700 多年的历史。

南锣鼓巷是北京唯一一条保存完整的、最富有老北京风情的街巷。周边胡同里各种形制的府邸和宅院，厚重深邃。南锣鼓巷及周边区域曾是元大都的市中心，明清时期更是一处大富大贵之地。如今，琳琅满目的店铺，各色的小吃聚集，喧嚣的南锣鼓巷，虽然已充满浓重的商业味道，但依旧成为人们游览的重要景点。

雨中的南锣鼓巷（摄于 2005 年）

南锣鼓巷小院（摄于 2006 年）

烟袋斜街

烟袋斜街东起地安门大街，西至小石碑胡同，始建于元朝，全长232米，宽6米。清朝末年，这条斜街出现了以经营烟袋、烟具为特色的商铺。

当时的北京城，烟草铺主要卖三种烟：旱烟、水烟和女人抽的潮烟。旱烟就是烟叶，"关东烟""叶子烟"等劲力十足；水烟就是讲究的烟丝，比较贵族化；妇女则抽南方人做的"潮烟"，里面掺有香料。有顺口溜曰："老爷子烟儿，关东杆儿，老太太烟儿，兰花籽儿。"

因为烟袋店铺，这条街便被叫作了"烟袋斜街"。光绪年间，斜街东口有两家山西人开的烟袋铺——"恒泰号"和"双盛泰"。门外立着1.5米高的烟袋招幌子，木质金漆烟锅，锅内刷红漆，烟袋杆刷黑漆仿乌木，烟袋嘴刷白漆画绿斑仿翡翠，吸引着过往行人驻足观望。

辛亥革命后，遗老遗少常以变卖家产古玩维生，这条200多米长的小街涌进了不少挂货铺和古玩店，跻身于20多家饭庄酒楼之间，与服装店、染坊、理发馆、澡堂、油盐店、菜店、书店、弹棉花铺子、豆腐坊、书画装裱铺为邻。

斗转星移，世事变迁，如今的烟袋斜街已成为摩肩接踵的商业街。如同这座北京城，早已物是人非。

烟袋斜街（摄于2007年）

房檐上的铁艺挂钩是当年店铺挂幌子所用（摄于2007年）

胡同里的老教堂

📍 后沟胡同

　　后沟胡同北起船板胡同，南至崇文门东顺城街，因曾有一阴沟而得名。这条不长的胡同中有一座建于清同治七年（1868 年）的亚斯立堂，是基督教美国卫理公会为纪念其创始人亚斯礼而建。民国初年，身为京卫军营长的冯玉祥在此听讲，后在此堂内受洗，加入基督教。1926 年，冯玉祥与李德全女士在教堂举行婚礼。卫理公会在礼堂旁办了汇文中学。现北京同仁医院、北京护校的前身均由该会兴办。美国前总统乔治·布什、克林顿访华时都曾到此礼拜。

西城区佟麟阁路中华圣公会教堂（摄于 2019 年）

后沟胡同·亚斯立堂（摄于 2005 年）

西城区·西什库天主教堂（摄于 2009 年）

东城区永生巷·南岗子教堂（摄于 2009 年）

东交民巷·圣弥厄尔天主堂（摄于 2009 年）

西城区新开胡同·天主教堂（摄于 2009 年）

雪的物语

雪的物语

MURMURS OF THE SNOW

对生活在这座城市的人们来说，只需要一场大雪，那些独属于这座古城的历史记忆，就会交织在萧瑟的冬天里，在消失记忆中，留住珍藏。

雪的物语

MURMURS OF THE SNOW

——许晓迪

诗人尹丽川在一首诗中写："一下雪，北京就成了北平；我们去后海看雪，就回到明清。"

电影《邪不压正》中，李天然坐火车回到北平。整座城市白雪皑皑，火车从北平城东南角楼前穿过，其上可见被炮火炸毁的痕迹——这是用视角特效恢复的景象，每一条街道的长度、每一座城楼的高度，甚至每一株植物，无一不遵循老照片，原样复刻一个1937年的北平城。

很多影视作品都乐于将历史置于白雪中。如热播的电视剧《觉醒年代》里，蔡元培与陈独秀第一次相见，慢镜头下，大雪纷飞，两人在旅馆走廊里相拥，历史于此定格，弥漫着革命的浪漫主义。陈独秀与钱玄同、刘半农第一次相见，也是在陶然亭的大雪中。红梅掩映白雪，古琴相伴黄酒，旧时文人的雅趣里，相谈的却是颠覆传统、革故鼎新的新文学大业。

作家俞伯平曾写过一篇《陶然亭的雪》，却是一番冷清空寂："倚着北窗，恰好鸟瞰那南郊的旷莽积雪。玻璃上偶沾了几片鹅毛碎雪，更显得它的莹明不滓，雪固白得可爱，但它干净得尤好，酿雪的云，融雪的泥，各有各的意思；但总不如一半留着的雪痕，一半飘着的雪华，上上下下，迷眩难分的尤为美满。……窗外有几方妙绝的素雪装成的册页。累累的坟，弯弯的路，枝枝桠桠的树，高高低低的屋顶，都秃着白头，耸着白肩膀，危立在卷雪的北风之中。"字里行间，是"如行云流水般的不关痛痒"，"乍生乍灭"的"闲闲的意想"。

不同作家笔下，北京的雪有不同的风致，如梁实秋所说，雪的可爱之处，在于"它的广被大地，覆盖一切，没有差别""朱门与蓬户同样的蒙受它的沾被，雕栏玉砌与瓮牖桑枢没有差别待遇。地面上的坑穴洼溜，冰面上的枯枝断梗，路面上的残刍败屑，全都罩在天公抛下的一件鹤氅之下"。

石评梅在雪夜里逛北京城，"过顺治门桥梁时，一片白雪，隐约中望见如云如雾两行挂着雪花的枯树枝，和平坦洁白的河面""城墙上参差的砖缘，披罩着一层一层的白雪，抬头望：又看见城楼上粉饰的雪顶，和挂悬下垂的流苏""过了宣武门洞，一片白地上，远远望见万盏灯火，人影蠕动的单牌楼，真美""伟大庄严的天安门，只有白，只有白，只有白，漫天漫地一片皆白"。

孙福熙见过北京的春雪，"我愿在多雪而雪不易消融的北京等候他。可是，等候着等候着，我爱的雪还是没有来"，正当他"决计抛弃对于雪的想望，全副精神地等待春色"时，春雪却来了，"我到中华门面前，大的石狮上披着白雪，老年人怕雪而披雪兜，他却因爱雪

而披上雪做的兜。他张了嘴不绝地笑，谁说只有小孩是爱雪的？"

郁达夫在《北平的四季》中写道："北方生活的伟大幽闲，也只有在冬季，使人感受得最彻底。"下雪的早晨，"从厚棉被里张开眼来，一室的清光，会使你的眼睛眩晕。在阳光照耀之下，雪也一粒一粒的放起光来了，蛰伏得很久的小鸟，在这时候会飞出来觅食振翅，谈天说地，吱吱的叫个不休。数日来的灰暗天空，愁云一扫，忽然变得澄清见底，翳障全无"。

即便是同一场雪，激荡起的也是不同的心绪。

1924年年末，北京下了一场大雪，持续了一天一夜。雪后，诗人徐志摩写下了著名的《雪花的快乐》："假如我是一朵雪花，翩翩的半空里潇洒。我一定认清我的方向——飞扬，飞扬，飞扬，——这地面上有我的方向……"差不多同时，鲁迅创作了散文诗《雪》，用一贯横眉冷对的风格，拿"雪"与"雨"做对比："雪是死掉的雨，是雨的精魂。"而从湘西走来的沈从文，此时还是一个"北漂"。这场大雪中，郁达夫来到他的"窄而霉小斋"。寒冬腊月，沈从文还穿着单衣，见此情景，郁达夫抖了抖自己羊毛围巾上的雪片，给沈从文戴上。又请他吃饭，把结账找回的三元二毛钱留给沈从文。

这场大雪的第二天，重病缠身的孙中山北上，打算与"老敌人"段祺瑞合作，推翻袁世凯。两个多月后，孙中山逝世，段祺瑞召开善后会议，目的是争取包括军阀、政客、文人在内的各界支持，存续北洋军阀的统治寿命。此时的中国，军阀如走马灯一般轮流登场，北京将落入谁手，中华又将何去何从，成为飘零时代里知识分子内心的困局。

中华人民共和国成立后，北京的雪景在文人笔下的诗意之外，平添了几分平民的喜乐。诗人北岛在《城门开》中写到北京的大雪，"有一股云中薄荷味儿，特别是出门吸第一口，清凉滋润"。孩子们高喊着冲出门去，摘掉口罩、扔下手套，一边喷吐哈气，一边打雪仗堆雪人。直到道路泥泞，结成脏冰，他们沿着脏冰打出溜儿，快到尽头往下一蹲，借惯性再蹭几米，号称"老头钻被窝儿"。后海成为"滑野冰"的好去处。人们自制冰鞋、雪橇、滑雪板，呼啸成群，扬起阵阵雪末儿，被风刮到脸上，好像白砂糖一样，舔舔，有股无中生有的甜味儿。

在全球变暖、冬季变短、暖冬变多的背景下，近10年来，北京的雪明显少了。没有了雪，这座古老的城市如常运转，却总少了一些可堪怀想的意味。每逢一场雪花飘落，朋友圈总会为之沸腾，纷纷晒图。有人专程去故宫，体会雪中紫禁城的红墙碧瓦、庄重温柔。更多的人则是在上下班的滚滚车流、在办公室的高楼窗户里，梦回老北京的杳渺岁月。

对生活在这座城市的人们来说，只需要一场大雪，那些独属于这座古城的历史记忆，就会交织在萧瑟的冬天里，浮现眼前。

许晓迪
北京大学中文系硕士研究生
人民日报社《环球人物》杂志记者

紫禁城雪景（摄于 2000 年）

雪后的钟楼（摄于 2011 年）

明城墙遗址（摄于 2010 年）

明城墙

这段城墙是北京仅存的一处明清北京城墙，内城东南角楼，是全国仅存规模最大城垣转角角楼。此处为全国重点文物保护单位。如今这里建成了明城墙遗址公园，由西向东建有"老树明墙""残垣漫步""古楼新韵"等景区。

明城墙内城东南角楼（摄于 2010 年）

📍 古观象台

北京古观象台始建于明朝正统年间，是世界上最古老的天文台之一，是明、清两代的国家天文台，至今保存着配套齐全的观测仪器。1982 年被列为全国重点文物保护单位。

①②古观象台(摄于 1989 年)

雪后紫禁城（摄于 2009 年）

故宫宁寿宫（摄于 2011 年）

故宫乾隆花园（摄于 2011 年）

故宫乾隆花园倦勤斋（摄于 2009 年）

岁岁年年柿柿红（摄于 2011 年景山公园）

📍 景山

　　清顺治八年（1651 年），万岁山改称为景山，是北京中轴线上的至高点。乾隆年间在山前修建了绮望楼，依山就势在山上建筑五方佛亭，中心建有万春亭，东侧依次建有观妙亭和周赏亭，西侧依次建辑芳亭和富览亭，在山后重修寿皇殿建筑群。

北海公园（摄于 2015 年）

景山俯瞰寿皇殿（摄于 2015 年）

什刹海·火神庙

　　火神庙位于北京什刹海旁。始建于唐贞观六年（632 年），称为火德真君庙。元至正六年（1346 年）重修，明万历三十三年（1605 年）重修，清顺治十七年（1660 年）与乾隆二十二年（1757 年）两次重修，改为琉璃瓦。庙内有殿宇楼阁三重，早年供奉火神、关帝和玉皇。这座火神庙是京城最早，也是唯一的皇家庙宇。

什刹海·火神庙（摄于 2006 年）

雪后的国子监（摄于 2018 年）

雪中的烟袋斜街（摄于 2009 年）

东城区草厂地区胡同（摄于 2010 年）

📍 飞龙桥胡同

飞龙桥胡同位于东城区劳动人民文化宫东侧，呈南北走向，两端曲折，全长 292 米。飞龙桥胡同清代属皇城，称飞龙桥胡同。清宣统时称飞龙桥，民国沿用。1949 年后称飞龙桥胡同，沿用至今。

①②雪中的飞龙桥胡同及四合院（摄于 2005 年）

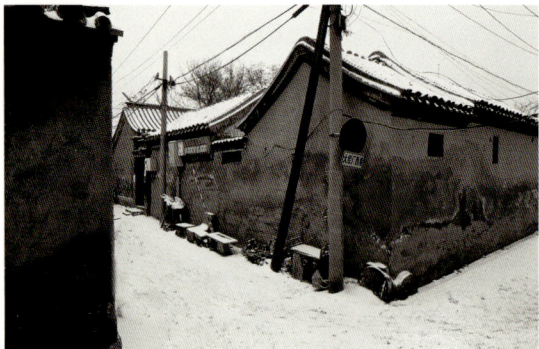

小经厂胡同

　　小经厂胡同位于东城区安定门内大街西侧，呈南北走向，中间曲折。清朝属镶黄旗，清乾隆十五年（1750年）京城全图称小经厂。民国后沿称。据传这一带是为大、小佛寺晒经卷之地，故而得名。1965年整顿地名时改称小经厂胡同。（摄于2010年）

盛芳胡同

　　盛芳胡同，位于东城区朝阳门内南小街。清乾隆时称十方院，宣统时称什方院。1965年整顿地名时，将小井胡同并入，并改称盛芳胡同，沿用至今。（摄于2005年）

南官房胡同

南官房胡同位于西城区什刹海地区，清乾隆年间称"南官府胡同"，宣统年间改名为"南官坊口"，1965年变更为现在的名称。什刹海有东、南、北、西、中命名的"官房"胡同，名称来源于"官家房屋"。清中期朝廷在什刹海搭梁立柱、建筑大批官房，房屋建成之后主要解决外官吏进京上任后的生活起居。（摄于2005年）

大石作胡同

大石作胡同位于东城区，南起景山前街，北止陟山门街，东临大高玄殿，西近北海，与故宫近在咫尺，地理位置特殊，"石作"就是生产各种建筑石材的衙署。（摄于2010年）

南池子地区四合院建筑群（摄于2010年）

北总布胡同（摄于 2009 年）

总布胡同

总布胡同形成于元代，至今已有 700 多年的历史。明朝因总捕衙门设于此，故称总捕胡同或总铺胡同。清代以南小街为界，分称东、西总布胡同。民国时将原城隍庙街改称北总布胡同，因此，总布胡同包含了东、西、北三条胡同。

总布胡同在近百年间发生过许多故事，使它颇不同凡响。1900 年，慈禧太后想利用义和拳来打击西方列强在华势力，招抚义和拳为义和团，成为政府认可的准军事组织。义和团出于对帝国主义列强的仇恨以及被清廷的鼓动，在京焚烧教堂、围困使馆。列强驻华公使一方面要求清政府保护使馆，一方面直接屠杀义和团。1900 年 6 月 20 日上午，德国公使克林德乘轿走到西总布胡同处，正遇上清军神机营队长恩海率队巡逻至此。在恩海要求停轿盘查之际，气焰嚣张的克林德在轿中拔枪向清军射击，被恩海开枪击毙。此前，八国联军已攻占天津大沽口炮台，清政府于 6 月 19 日照会各国使馆，限各国公使率随员、卫兵于 24 小时内离京，过期不负责其安全。21 日，慈禧下令向八国联军宣战。8 月 14 日，八国联军攻进北京。慈禧处死珍妃后，带着光绪皇帝西逃西安。

1901 年由李鸿章代表清廷向列强"议和"签订的丧权辱国的《辛丑条约》中，第一款就是要清政府派亲王赴德，就克林德被杀一事道歉，还要求在克林德被杀地点建纪念碑。这座纪念碑是中国式的石头牌坊，位于西总布胡同西口。当时，北京民众轻蔑地称此为"妹子牌坊"。原来，把德国人提出的纪念碑改为中国式牌坊的主意，是由和八国联军统帅德国人瓦德西姘居的妓女赛金花提出来的。

1918 年 11 月 11 日，第一次世界大战结束，德国战败。消息传来，北京人民于 11 月 13 日拆毁了牌坊。1919 年，牌坊散件被运至中山公园内重新组装，刻字"公理战胜"。1952 年 10 月 2 日，亚太和平大会在北京召开。会议期间决定将"公理战胜"牌坊改为"保卫和平"牌坊。"保卫和平"四字由郭沫若题写。这就是西总布胡同名声远扬的缘由之一。

总布胡同还有许多旧址值得一叙。这里有瞿秋白学习过的俄文专修馆、徐悲鸿任校长的北京国立艺专、1911 年京城第一个啤酒汽水工厂、1921 年北京最早的电车公司、美国石油大王洛克菲勒为其父母建造的住宅，另外，建筑学家梁思成、林徽因夫妇、美国学者费正清、费慰梅夫妇，人口学家马寅初，作家萧乾、刘白羽、赵树理、张光年、严文井、陈白尘，还有班禅大师、沈钧儒、李宗仁、张学良、龙云等，或曾居住于此，或在此留下足迹。总布胡同居然承载了那么多的历史。

前门老舍茶馆（摄于 2010 年）

鸦儿胡同（摄于 2005 年）

老舍茶馆

　　1979 年老舍茶馆前身，是从正阳门箭楼下的茶摊起步的。木板上醒目招牌："大碗茶一碗二分"。在暑热的当口，喝下一碗茶水，确实解渴舒坦。"大碗茶"名字，居然享誉中外，成为北京无人不知的品牌。

　　1988 年 12 月 15 日，"老舍茶馆"在前门西大街开业。老舍夫人胡絜青亲自为茶馆题匾。老舍茶馆是一栋三层楼，拥有 2700 平方米营业面积，包括茶馆、餐茶馆、茶艺馆和演艺大厅四个部分，成为北京第一家综合型茶馆。如今北京城的咖啡馆随处可见，茶馆廖廖可数但也依然存在。老北京茶文化还在，盖碗茶还在。

南芦草园胡同（摄于 2014 年）

📍 南芦草园胡同

　　南芦草园胡同位于东城区珠市口东大街的北桥湾胡同南口向北，因过去这里为芦苇塘而得名。南芦草园胡同呈东西走向，东起北桥湾胡同，西至青云胡同，全长 308 米。

大雅宝胡同（摄于 2005 年）

东八角胡同

　　东八角胡同位于东城区，呈南北走向，北起薛家湾胡同，南至珠市口东大街，全长 250 米。东八角胡同明代时称巴家胡同，清代时称八角胡同，1934 年改称东八角胡同，沿用至今。

东八角胡同（摄于 2005 年）

东八角胡同（摄于 2005 年）

东八角胡同（摄于 2005 年）

奋章胡同

　　奋章胡同位于东城区西北部，前门街道辖域，呈东西走向。东起戴家胡同，西至草厂十条，全长 252 米。清末民初时称粪场大院。据说 20 世纪 30 年代，京剧表演艺术家郝寿臣在此置地建四合院。郝先生对房子十分满意，对胡同名却感觉不快，后致信当时的北平市长袁良，三天后被批准改名，这就是使用至今的"奋章胡同"之名的由来。

奋章胡同（摄于 2010 年）

奋章胡同居民小院（摄于 2010 年）

北下洼子胡同（摄于 2005 年）

大金丝胡同

　　大金丝胡同位于西城区东北部。东起银锭桥胡同，西端南折至南官房胡同。从东北向西南倾斜。大、小金丝胡同明时有织染所，职掌内承运库所用色绢。不仅供应内廷，而且供应外廷。故工部也派有大使。民国期间，"色缘" 讹为 "丝套"，析为两条胡同。宽者称大金丝套胡同，窄者称小金丝套胡同。1965 年去 "套"，简称大金丝、小金丝胡同。

大金丝胡同（摄于 2009 年）

小雅宝胡同

　　小雅宝胡同位于东城区朝阳门南小街东侧，呈东西走向，中间曲折。东起小牌坊胡同，西止朝阳门南小街，全长 668 米。乾隆时称小哑巴胡同，宣统时称小雅宝胡同。民国后沿用至今。

小雅宝胡同（摄于 2006 年）

📍 铁山寺

　　铁山寺位于东城区珠市口东大街，始建于明代。寺庙坐北朝南，距今有 500 多年。2006 年国家对铁山寺进行了全面复建。

北桥湾胡同的铁山寺（摄于 2010 年）

向前行走，
在消失记忆中，
留住珍藏

逝去的风景

LANDSCAPE OF THE PAST

北京胡同的风景

胡同里的老门钹

胡同老店铺遗迹

各式老宅门

消失的老门墩

部分消失的胡同

知了声声

知了声声

CHIRPING CICADAS

——小石

我生于北平（即北京），长于北京，祖籍却是绥远省（现内蒙古）托克托河口。在北京胡同度过了大半辈子，细想，可说的事真不少。俗谚云，大胡同三百六，小胡同如牛毛。胡同的名字也是千奇百怪、五花八门。记得在乘凉时，有位老北京学者，曾经考我：北京城有四条胡同名，谁最重，谁最轻，谁最黑，谁最白？我一时语塞，想不起来。学者答：铁狮子胡同最重，灯草胡同最轻，煤渣胡同最黑，干面胡同最白。听后我捧腹大笑不已。

童年住过的胡同为宝安寺街，那是座砖瓦结构、方砖墁地的四合院，马路沿儿埋着两口挺深的枯水缸。那天，有人来家，我头钻出水缸喊道："爷爷，在——家——哪！"其实，爷爷刚刚因病躺在家里辞世了，那年我六岁。

少年时代，我住在西斜街。那是条无风三尺土、下雨一街泥的胡同。胡同里最惹眼的有三处。一是油盐店，因离家近，临做饭去现买油盐酱醋都来得及，油盐店还代传电话，这是近水楼台先得月啊。二是棚铺，平日有人家婚丧嫁娶，要什么棚彩活儿，师傅的巧手皆能扎糊出来，惟妙惟肖，涂上彩色，特别吸引孩子们的眼球。当然，夏日暑热时分，有钱人家，在四合院与商店门前，高搭席棚，凉爽宜人，这既是个技术活儿，也是很精巧实用的。再一处是宏庙小学，这是一所由寺庙改建的，鳞次栉比；老槐树、杜梨树和挂在杜梨树上的大铁钟，那上下课悠扬的钟声，都给我留下印象。我曾是宏庙的小学生，一进校门就觉得气势不凡，气氛一下让我变得严肃起来。

少年时代的我，虽说胆子不算大，但小孩的玩心那是天生的。记得邻居家院子很大，后面有座后花园。花园已荒芜，土丘上荒草酸枣枝丛生，还有座不知供着何方神仙的小庙。在一堆砖瓦下隐约传出几声清脆的鸣声，我小心翼翼，拨开两块砖，眼前出现了一只周身发亮的蛐蛐，我用自制的小铁罩，轻轻地扣下去，蛐蛐逮住啦！赶快用报纸事先卷成的卷儿，把蛐蛐放进去，装进兜，一溜小跑，回到家，蛐蛐放进垫着湿土的琉璃瓶，好像完成一件大工程，心想，我得了一员大将，谁敢来斗，试试吧！斗蛐蛐的时候，蛐蛐要是赢了，心里甭提多快活了；要是输了，就把蛐蛐放养在院子花丛中，夜间得了露水的滋润，像个小乐手鸣声不绝于耳。

还有，院子里不断光顾的蜻蜓。在我到过的地方，似乎不记得哪个地方比我住过的小院的蜻蜓多。盛夏时，只要稍微有点雨意，院子里马上便会飞来数不清的蜻蜓，忽而往前，忽而往后，忽而光扇动翅膀而身子不动，速度极快，逮蜻蜓也是我极大的乐趣，有时，逮住几只夹在手指间，再一只只放掉，实是天趣盎然。特别是入秋时分，每当我回家的路上，一进大院，柳枝上知了一声声单调的鸣声，飘进耳鼓。要是赶上雨天，大雨瓢泼而下，知了立马不叫了，而且，不管你愿意不愿意，放开大嗓门儿，整个院子都听得真真的。有的孩子用一根长竹竿粘知了，小孩眼神儿好，一粘一个，也是个乐。这时两句古诗"西陆蝉声唱，南冠客思深"忽然蹦进脑海。可见，小小蝉儿竟能勾起人们多少情思呀！据说，北京听蝉鸣最好的地方是中山公园来今雨轩，当你泡壶茶，坐在藤椅上，静静地看书，这一静一动也是一种难得的意境啊。

蛐蛐、蜻蜓、知了……无数儿时的玩伴闪过脑海，让我在不知不觉中长大。

上了小学、中学，胡同，是我快乐和乡愁的摇篮。我变成了一名教师，为人师表；再后来当了出版社编辑。

我的老伴儿，也是位土生土长的老北京，她住在南城西草市。提起草市大杂院和她住过的鹞儿胡同，还有热闹无比的天桥，也是有说不完的话题。

悠悠岁月，星移斗转，一晃过了八旬，北京的无数条胡同，发生了翻天覆地的巨变。许多胡同已成街市，许多平房已成高楼。昔日的坊巷已难辨认了，斑斑柳影，悠悠蝉鸣，街头茶话，暮霭朝霞，像一幅着色的亦浓亦美的风俗画，展现心里，这些怎能忘怀呢！现在住家搬到了通州，而通州成了北京副中心，发展更是日新月异，但我依稀对童年、少年时代住过的胡同，神思绵绵不断。

就用我的老师、诗人朱英诞 1958 年写下的诗《北京的小巷》作为小文的结束：

北京的小巷这么多，门户这么多。
我经过它们，仿佛查看着世界地图。
但是我的家啊，
就是那么小的一点黑点也不是。

我居住过的几条小巷，几所老屋，
都有深密的树木和花花草草，

还有广大的安静，
我想，这就是北京，
一座山尾和平原之间的古老的大城。
……
北京，它是和平的城，
它从来不知道什么是战争，
我从不相信，有谁会，跑到塔和林下来毁灭文化。
北京，天空，白日悠然存在着，
这是儿童的世界，是风筝的世界，
这是烟火的世界，
是笛子和箫的夜的世界。
……

武冀平，笔名小石
中国音乐家协会会员
中国民间文艺家协会会员
曾任中国广播艺术团编剧、创作员
原中国旅游出版社中文编辑室主任

东利市营胡同（摄于 2005 年）

部分消失的胡同 （摄于 2002~2010 年）

THE PARTIALLY DISAPPEARED HUTONGS

香炉营胡同

大市胡同

保安寺街

好景胡同

南大吉巷

北大吉巷

东小栓胡同

火药局胡同

贾家胡同

潘家胡同

好景胡同（摄于 2006 年）

📍 好景胡同

　　好景胡同位于东城区，呈南北走向，北起銮庆胡同，南至西兴隆街，西通长巷四条，全长 200 米。呈"卜"字形。清乾隆十五年（1750 年）称高井儿胡同，后改称高井胡同。1965 年整顿地名时将小观胡同、南扁担胡同并入，统称好景胡同。

文昌胡同如意门（摄于 2005 年）

长巷二条（摄于 2006 年）

📍 长巷二条

　　长巷二条位于东城区前门东路以东，西打磨厂街西口往东路南第一条胡同就是长巷二条。长巷二条呈西北至东南斜向，北起西打磨厂街，东南至长巷五条，长 450 米。长巷二条明代称长巷儿二条，属正东坊。清代以鲜鱼口街为界，分别为长巷上二条胡同和长巷下二条胡同。民国沿用。1965 年定为长巷二条。

雨中的长巷二条（摄于 2006 年）

雨中的长巷二条（摄于 2006 年）

棉花下五条（摄于 2006 年）

薛家胡同（摄于 2007 年）

雨中的西厅胡同（摄于 2006 年）

方砖厂胡同如意门（摄于 2005 年）

📍 绍兴会馆

绍兴会馆位于西城区南半截胡同 7 号，初为山会邑馆，是山阴与会稽两邑京官联合捐资于清道光六年（1826 年）修建而成的。民国元年（1912 年），山阴与会稽两邑合并为绍兴县，山会邑馆则更名为绍兴会馆，是鲁迅先生在北京的故居之一。

绍兴会馆内原建有仰载堂、涣文萃、福之轩、藤花别馆、绿竹舫、嘉荫堂补树书屋、稀贤阁、怀旭斋、一枝巢等建筑组群，东南跨院的甬道内是历届科举中试者的"科名录"。蔡元培曾在馆内居住，参加贡试，并中举，荣登清翰林之职。

1912 年 1 月 1 日，民国成立，教育家蔡元培出任民国教育总长，蔡元培立志教育救国，起用了一批有志于教育的进步知识分子，鲁迅也是其中之一。

鲁迅先生在京 14 年，曾任中华民国教育部社会教育司第一科科长，主管博物馆、图书馆、文艺、文物等事宜。他第一次来京就住在绍兴会馆内的"藤花别馆"。在此写下了《狂人日记》《孔乙己》《药》《一件小事》等著名小说及《我之节烈观》《我们现在怎样做父亲》等战斗杂文，以及 27 篇随感录和 50 多篇译作。他在幽深院落中的"补树书屋"著文痛斥封建专制，吹响了新文化运动的战斗号角。

鲁迅从苏俄十月革命胜利中看到了"新世界的曙光"，奋起投入反帝反封建运动中。其 1918 年 5 月发表的《狂人日记》，奠定了新文化运动的基石，成为反帝反封建最英勇的旗手。

在新文化运动的影响下，国人猛醒，1919 年 5 月 4 日，终于爆发了全国性的反帝反封建的伟大革命运动。

"五四"运动后，鲁迅搬出了绍兴会馆移入新居，但绍兴会馆是他在北京所居住时间最长的地方。

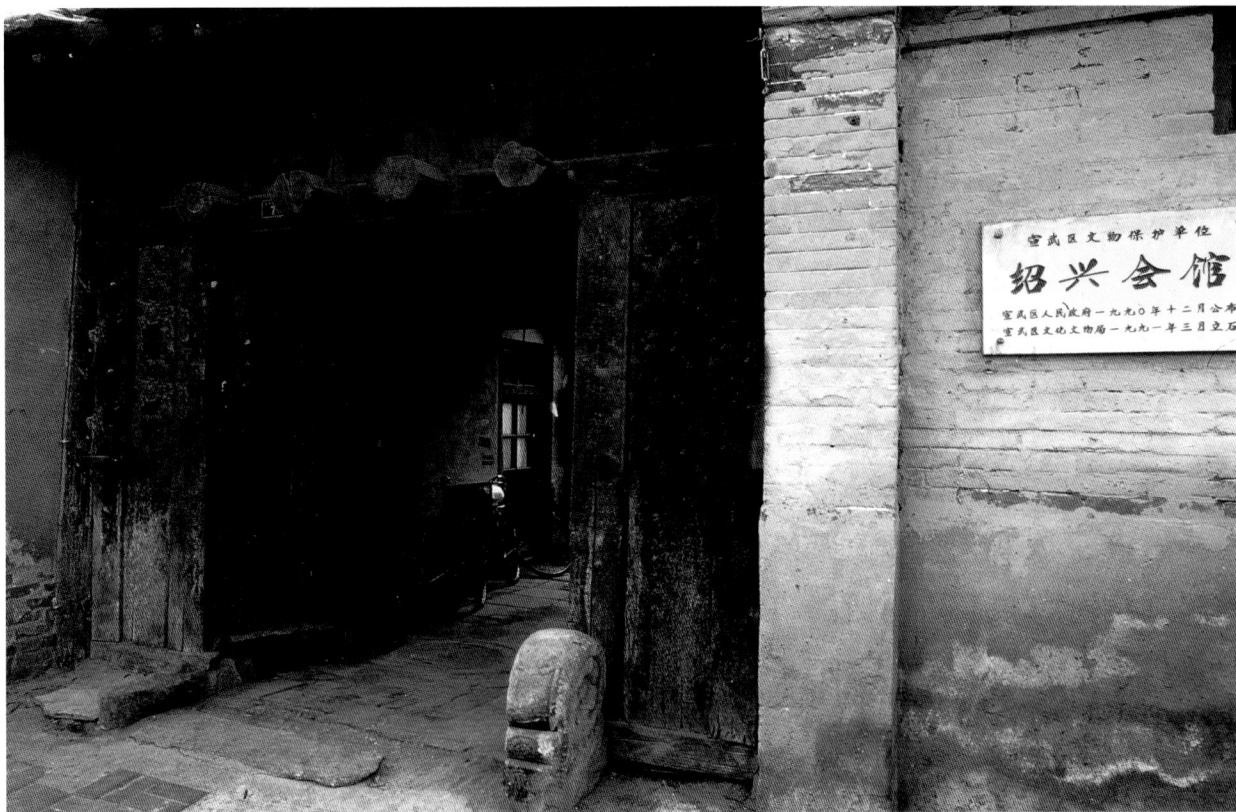

南半截胡同绍兴会馆（摄于 2002 年）

消失的老门墩 （摄于 2006~2010 年）

THE DISAPPEARING OLD GATE PIERS

手工雕刻的"祥云"箱形门墩位于北大吉巷胡同（摄于 2006 年）

三眼井胡同老门墩（摄于 2006 年）

老门墩，和合二仙之一"和仙"图案门墩。和合二仙取和谐、好合之意，寓意和睦友爱、情深义重、祥和圆满。（摄于 2010 年）

各式老宅门 （摄于 2002~2010 年）

ALL KINDS OF OLD HOUSE DOORS

南锣鼓巷老店铺

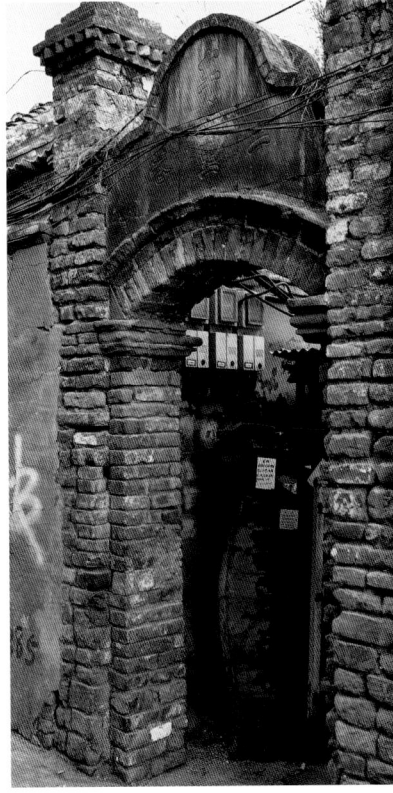

胡同老店铺遗迹 （摄于 2002~2010 年）

REMAINS OF OLD STORES IN THE HUTONGS

①赵锥子胡同　②校场口四条　③蜡烛胡同　④后公孙胡同　⑤粉房琉璃街

原沙井胡同副食店

西兴隆街（摄于 2006 年）

📍 西兴隆街

　　西兴隆街位于东城区。东西兴隆街自西向东连通了前门东路和崇外大街，又以祈年大街为东西中线，划分成东、西兴隆街两段。清代，因为这里有座兴隆寺，所以称兴隆街。

　　老北京城内电线杆最早架设于清朝末期。20 世纪 30 年代电线杆才普及到胡同，后来由木制逐渐演化为水泥制。西兴隆街上这根遗存下的木制电线杆随着时间的流转，承载了这条胡同兴衰的记忆。

图样山胡同

　　图样山胡同位于西长安街地区北部。呈南北走向，南起后达里，北至惜薪胡同，全长 309 米。明、清称兔儿山、图儿山。1911 年后改称图样山。1965 年改称图样山胡同。

周日的图样山胡同（摄于 2006 年）

北官园胡同（摄于 1998 年）

南河槽胡同（摄于 1999 年）

小石虎胡同（摄于 2003 年）

胡同里的老门钹

THE OLD DOOR CYMBALS IN THE HUTONGS

铁门胡同门钹（摄于 2006 年）

⦿ 达智桥胡同——杨椒山祠

　　清代宣武门外有一条南北向水沟，达智桥胡同原是一条东西向小水沟，两条水沟汇合处有一座小桥，名叫鞎子桥。后来水沟被填平，形成一条胡同，称为达智桥。达智桥胡同街道较宽，房屋整齐，店铺集中，人口众多。胡同中有祭祀明代反奸相严嵩而被杀的杨椒山祠堂——松筠庵。清代康有为等曾邀集各省来京应试举人1200余人在庵中开会，要求变法维新，是我国近代史上的"公车上书"。

杨椒山祠一角（摄于 2002 年）

粉子胡同（摄于 2006 年）

📍 粉子胡同

粉子胡同位于北京西城区，东西走向，长不足 400 米，是北京少有的几条历经明、清、民国，一直不走样地叫到现在的胡同。

明朝时，"粉子"暗指妓女，粉子胡同，也就是当时的"红灯区"。清末，礼部左侍郎长叙一家住在这里。他有两个女儿，于清光绪十四年（1888 年）入宫，大的 15 岁，被封为瑾嫔，小的 13 岁，被封为珍嫔。

10 年之后，戊戌变法，光绪被软禁瀛台，珍妃因支持光绪帝变法，遭慈禧太后摈斥，打入建福宫监禁。1900 年八国联军入侵，慈禧仓皇出逃，临行前将珍妃沉入宫井，后人将此井称为"珍妃井"。

光绪帝死后，清朝最后一个皇帝溥仪登基，瑾妃变成了溥仪的养母，此后一直过着优裕的皇宫生活。两位出身同门的姐妹，命运却如此不同。

位于故宫宁寿宫北端贞顺门内的珍妃井（摄于 1983 年）

大石桥胡同（摄于 2015 年）

📍 得丰东巷

　　得丰东巷位于东城区前门三里河，呈东西走向，全长 210 米，东起大席胡同，西至小席胡同。如今，得丰西巷还在，得丰东巷已变为三里河河道。

　　据传说，北京传统食品老字号"泰兴号金糕张"原在得丰东巷的一个小院落里。金糕过去叫山楂糕，因慈禧太后品尝过后非常赞赏，赐名"金糕"。

得丰东巷的篮球场（摄于 2000 年）

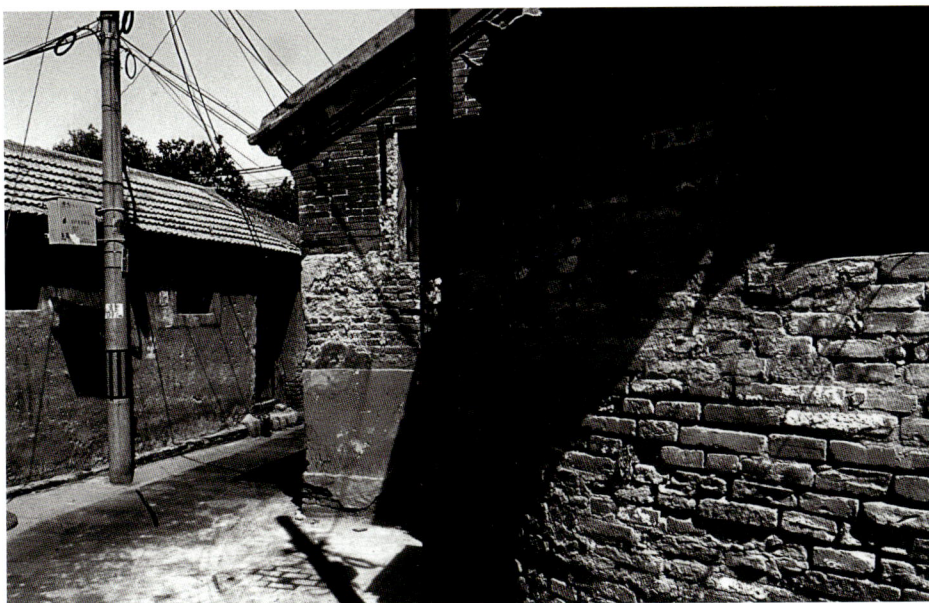

得丰东巷（摄于 2000 年）

北大吉巷

　　北大吉巷位于西城区，呈东西走向。东起果子巷，西至米市胡同，全长380米。北大吉巷明朝称打劫巷，属宣南坊。清末改称大吉巷，1965年改称北大吉巷。

北大吉巷（摄于2005年）

奋章胡同一户普通民居的门联"松柏有本性，瑾瑜发奇光"（摄于 2005 年）

米市胡同

　　米市胡同明代因米粮集市于此而称米市口，位于西城区。胡同两侧房屋整齐，多大宅门、名人故居及会馆，清顺治时期的礼部尚书、乾隆年间的大学士、嘉庆年间的御史、咸丰年间的工部尚书均居于此。现存会馆6处，南海会馆是康有为居处，安徽泾县会馆为五四时期著名进步刊物《每周评论》编辑部所在地，陈独秀、李大钊曾为该刊编辑主办人。这里不但是维新运动的发源地，也是全国各地的会馆聚集地。会馆相当于各地的"驻京办"，为在京的外籍官员或富商捐资修建，供来往考学就职或经商的同乡居住。

米市胡同（摄于 2005 年）

米市胡同·南海会馆（摄于 2005 年）

📍 南海会馆

从 1882 年康有为首次来京应试到 1898 年戊戌变法失败，康有为断断续续在此居住了 16 年。1895 年，康有为和梁启超再次来京会试，康、梁联合各省举子上书请愿，开会于松筠庵，这就是有名的"公车上书"。康有为还在南海会馆创办进步刊物《中外纪闻》（原名《万国公报》），为维新派咽喉。康有为坐镇南海会馆，东联新会会馆梁启超、西系浏阳会馆谭嗣同，吹响了戊戌变法的进军号角。9 月 19 日，慈禧太后突然从颐和园回京发动戊戌政变，康有为得英国人保护转往中国香港，其弟康广仁则在南海会馆厕所内被捕。9 月 28 日，"戊戌六君子"在菜市口英勇就义。

群智巷胡同（摄于 2000 年）

群智巷

　　群智巷位于东城区。街巷呈"人"字形，东口、北口通南芦草园胡同，西口至大汀胡同。长 280 米，宽 2.7 米。群智巷因形状似马趺子，故清时称南趺子。1949 年改为南趺子胡同。1965 年整顿地名时改称群智巷。

北京胡同的风

THE WIND IN BEIJING HUTONGS

——何永康

七月，因琐事羁留京华，在一个胡同的民居里寄宿半月。

北京胡同有名。但多次到北京，都是走大街、住宾馆，几回想去体验北京胡同的风味，都因日程甚紧而未能遂愿。这次好了，吃住在胡同里，心思自然也在很多的时候被搁置在胡同里。

胡同其实就是我们南方的巷子，南方没有叫胡同的巷子，但北京却有很多叫巷的胡同，如有名的东交民巷、南锣鼓巷，这与北京是一座移民城市有关，也与北京对外来文化的包容有关，当然，更与北京是京畿之地有关。

我住的胡同叫羊肉胡同。我没考证过名字的来历，但大致可以确定这与爱吃羊肉的北方民族有关联。或许这里曾经有一个卖羊肉的市场，或者有一个羊肉做得好吃的餐馆。胡同笔直地夹在左右两排民居之间，东西两头分别连接太平桥大街与西四南大街。大街上车水马龙，喧嚣嘈杂，胡同则闹中取静，相对清幽与平宁。

老北京人有很深的胡同情结，这让旧城区改造的决策者和实施者大伤脑筋、大费周章。好在有个"修旧如旧"的基本原则，让胡同依然部分保留着北京原住民的"乡愁"，过着既有传统风味又有现代气息的舒心日子。

舒心日子是从清晨开始的，人们早早地就在胡同内遛弯。七月的北京已经很热了，胡同里却一片清凉，吹拂的晨风给人很好的体感，高大的柳树、枣树、椿树摇曳着枝叶，让人弄不清楚是风在让它们摆动，还是它们的摆动形成了风——让风由无形成为有形。

胡同口也是风口，早晚都有人坐在自带的小凳上或者健身的体育器材设置的座位上，吹风，吹牛，吹过一分一秒的日子。胡同是北京人邻里之情的载体，温馨而和谐。见面都会热情洋溢招呼问候，有时间还要停留一阵唠嗑唠嗑，国家大事与家长里短都是共同感兴趣的话题。男性互递一支香烟，吸完了才各走各的路；女性见面会自然地拉手，话说够了才"分手"。胡同的日子是闲适的，过去慢，现在也慢。"慢"字随时挂在人们的口头：慢慢走，慢点啊，慢慢吃呗，慢慢熬呗。只有京漂的年轻人，行色匆匆地从老人充满怜悯的目光中穿过。

胡同里古风犹存。四合院的双扇朱门大都紧闭，或许过去是某个达官显贵的私宅，现在成保护对象了。门前与门楣的门当与户对、门两边的石狮子都有些年头了，很有沧桑感。北方冬天寒冷风大。有的四合院临街处打开了门面开店铺，店铺门脸都很窄小，门里面却是一个不小的天地。小超市、小饭店、小酒吧、小旅馆稍显冷落地点缀在民居之间，以灯红酒绿勉为其难地延续着曾经人气鼎盛的营生。有一个酒吧的招牌叫"何止有酒"，给人以无限的遐想，让人产生进去看看的冲动——除了酒还有什么？美味佳肴、音乐书香、红男绿女？

名气很大、人气很足的演艺班子"开心麻花"的剧场也在羊肉胡同里，隔三差五会演出一场，观众不少，显示出俗文化市场的活跃。

羊肉胡同（摄于 2005 年）

与羊肉胡同平行相邻的是砖塔胡同。

我特意选在一个黄昏时分去砖塔胡同"客串",我想这个时候环境会更清静一些,心境也会更宁静一些。因为这条胡同是最值得流连、品味、遐想的地方,是最能亲近历史的地方,也是最能认识老北京的地方。别看现在清静,早在元代就是北京的戏曲中心了,是勾栏瓦舍的集中地。成日里锣鼓喧天、人声鼎沸,戏台上,梨园世家的唱腔或婉转或高亢。剧作家关汉卿不仅让自己的剧作在此上演,偶尔技痒也会上台演个角色。

砖塔胡同与文化人特别有缘。一些政界名人和文化精英当年在胡同居住。其中包括鲁迅、张恨水、老舍。老舍没有在砖塔胡同住过,但他年轻时曾在胡同南边的一座基督教堂接受过洗礼,对胡同十分熟悉与喜爱。他在很多作品中写到了砖塔胡同。譬如,小说《离婚中》,就借小说人物张大哥之口作了描述——"房子是在砖塔胡同,离电车站近,离市场近,而胡同里又比兵马司和丰盛胡同清静一些,比大院胡同整齐一些,最宜于住家……"

1923 年 8 月,鲁迅先生迁家到砖塔胡同。居住时间很短,就有八九个月,却在此写下了一批重要的作品,如《祝福》《肥皂》《中国小说史略》等。北京宜居的地方很多,先生选中砖塔胡同,除了老舍先生提及的那些优点外,深厚的文化积淀与历史遗存无疑也是一个因素,文化人对此更为看重。

我在胡同里的微风中独行,想感受一下风中鲁迅先生留下的气息。旧居已经没法寻找了,足迹也早被时光抹平。但我还是能够想象到一个场景:先生瘦小的身子着一袭长衫,腋下夹着讲义,坐在包下的黄包车上,在胡同匆匆穿过的样子,一脸的坚毅与沉郁……

张恨水在砖塔胡同居住最久,20 年都没有挪动过,直至终老,显然也是对胡同情有独钟。他在一篇《黑巷行》的文章里写到他穿行砖塔胡同的情景,"在西头遥远地望着东头,一丛火光,遥知那是大街。可是面前漆黑,又加

上几丛黑森森的大树……添加阴森之气。……我没出胡同,我又回去了"。从这一段文字中,我看到了张老先生晚年生活的寂寞与凄清,虽著作等身、名声大噪,但日常也过的是普通百姓的生活。不同的是他太孤清了,不由得向往着大街上(也许还有隔壁的羊肉胡同)那"一丛火光",向往那里有活色生香的生活。当然,今天的砖塔胡同,已全然没有了他笔下的那种"阴森之气"了。

人真是一个奇怪的物种,清贫中艳羡富贵,锦衣玉食之后,又想着布衣与素餐;在清幽的环境里待久了,又渴望热闹与繁华。恰如天上的仙女,神仙日子过得乏味了,就想下凡寻求快乐。

其实,在北京的胡同——我说的是羊肉胡同与砖塔胡同,就可以过两者兼顾的日子。羊肉胡同是市井,砖塔胡同存文脉;前者吹的是民风,后者吹的是文风,被两种风交替抚摸的人,就是幸福的人。

贯通古今,融合雅俗,首善之地也。

离开北京的那天,我一大早去了巷口,找了个台阶坐下。我与北京的夏风已经情深意笃了,现在,我即将成为风的"离人"。北京的风,吹得很纯净,恰如让我沐浴一番后穿上一件舒适的皮肤衣。不像咱们南方的风,总是不冷不热温吞吞的,吹在身上湿漉漉的,黏糊。我长久地坐着,风长久地吹着,好像是要把我前几十年承受的溽热都一次吹走。一并吹走的还有多年累积的精神燥热、郁闷往事。

因为有了风,胡同便贯通而顺畅。跟着胡同的风走,人心也会通泰开明,即使看不清遥远的前路,料想也不会走入死胡同去了。

何永康
中国作家协会会员
四川省作家协会散文委员会委员
四川省南充市文联主席

国子监街（摄于 2006 年）

POSTSCRIPT

后记

　　岁月不居，时光荏苒，纵横交错的胡同编织成古老沧桑的北京城。胡同深处有着无数温暖的家，这里的人们生活简朴，琐碎繁杂的日子是最基本的底色，生活虽不轻松，但井井有条，每天都能从柴米油盐酱醋茶中感受着有滋有味的胡同生活。四合院里的房子有的完整有的残旧，但无论是普通老百姓住的，还是达官贵人住的，它们都是一个整体，这些台阶、门墩、门楼都是血脉相连的，一砖一瓦承载着邻里间的乡愁。老话说，"一方水土养一方人"，仿佛就是北京人对胡同不可割舍的特殊情结，也就是人们常说的胡同文化。胡同作为北京的古老文化载体，有着无处不在的传奇故事及永恒的魅力。历经数百年风雨沧桑，记载了时代的风貌和历史印记，更是老北京人的精神支柱。

　　东城区草厂九条是我幼年居住的地方，每当我走进草厂九条这条一米多宽百十米长狭窄而幽深的胡同，就不禁想起幼年时光。父母是 20 世纪 50 年代初从部队调到北京工作的，进京后暂住于此。三岁后，我们一家搬到朝阳门内大街一处不大的杂院里。最初对胡同印象也就是东四几条、南竹竿、烧酒、演乐等胡同。随着时代发展，城市的改造变迁，商品房大潮的到来，老北京"有名胡同三千六，无名胡同赛牛毛"的景象一去不复返了。所剩的几百条胡同主要集中在古城"腹地"东、西城区。1990 年以来北京市政府相继出台了几片"历史文化保护区"，随着社会文明的发展，对文化遗产的保护得到越来越多的关注，北京人习以为常、司空见惯的胡同如今成了北京的"金名片"。

　　几十年来，我的足迹遍布京城大大小小上百条胡同，用镜头记录了胡同的四季更迭、四

合院里的人生百态、胡同改造的变迁。如今，已累积数万张照片。这些有年代感、沧桑感，特别是风、雾、雨、雪中入画的照片不仅是拍给他人欣赏，更像是给自己"寻根"情感的一种纪念，这种情结一直埋藏在我心中。

城市变迁，高楼大厦的林立，胡同越来越少，再想找寻那些原汁原味的胡同和我们熟知的四合院，只有在老照片中寻找那并不遥远的记忆，寻找到温暖的家和那些可爱的老街坊，而我们时常怀念的朴素又真挚的情感就蕴藏其中。

胡同生活对于我们渐行渐远，在我内心深处一直想要做一本关于北京胡同题材摄影图书的想法越来越强烈，经过了五年多时间的精心打磨，《时光如画·北京胡同》能够顺利出版，也是满足我一个多年的心愿。在这里要特别感谢在编辑出版过程中给予支持和帮助的文学顾问：原中央戏剧学院戏剧文学系主任、作家朱绮老师；中国地图制图、历史地理专家董怡国老师；中国地图出版社副编审付马利老师。还要感谢参与本书策划的挚友张宗利、夏超一；特邀中国作家协会会员、四川省南充市文联主席何永康先生；北京民协民俗委员、北京民间文艺家协会会员武冀平先生为此书撰文，以及中国旅游出版社郭海燕编辑为此书的出版发行所做的工作。

最后还要感谢给予本书大力支持的老领导丁维俊，好友纪振许、曾强、汪宪以及我的家人们，感谢他们的鼎力支持，助我实现出版此书的梦想。

北京的胡同及四合院是人与人和谐相处的基础，它跟我们生活密切相关，正是时光留下的胡同记忆，才使得我有了这份乡愁，胡同的消失让我们心中没有了乡哪来的愁，所以保护好北京胡同，就是留下了本该属于我们心底的那份乡愁。

杨　茵

2022 年 2 月

《时光如画·北京胡同》编纂人员：

图书策划：杨　茵　张宗利　夏超一
顾　　问：丁维峻
文学顾问：朱　绮
封面题字·篆刻：朱鸿祥
摄　　影：杨　茵
撰　　文：许晓迪
助理编辑：董　立　杨　洋
设　　计：夏超一　杨艳丽
制　　作：申明玉
绘　　图：董　立

在编辑和撰文过程中参考引证了部分图书书目：

《北京历史地图集》　　《大前门》
《北京胡同志》　　　　《北京胡同》
《寻找老北京城》　　　《北京闻见录》
《北京老字号》　　　　《老北京门墩》
《当代前门史话》

铜铁厂胡同（摄于 2006 年）

责任编辑：郭海燕
　　　　　445755209@qq.com
责任印制：闫立中

图书在版编目（CIP）数据

时光如画·北京胡同 / 杨茵摄影 . — 北京：中国
旅游出版社，2022.2
　　ISBN 978-7-5032-6897-7

　　Ⅰ . ①时… Ⅱ . ①杨… Ⅲ . ①胡同—名胜古迹—北京
—图集 Ⅳ . ① K921-64

　　中国版本图书馆 CIP 数据核字（2022）第 004487 号

书　　名：时光如画·北京胡同

作　　者：杨茵摄影
出版发行：中国旅游出版社
　　　　　（北京静安东里 6 号　邮编：100028）
　　　　　http://www.cttp.net.cn　E-mail:cttp@mct.gov.cn
　　　　　营销中心电话：010-57377108，010-57377109
　　　　　读者服务部电话：010-57377151
承　　制：北京旅之友文化艺术发展中心
经　　销：全国各地新华书店
印　　刷：北京雅昌艺术印刷有限公司
版　　次：2022 年 2 月第 1 版　2022 年 2 月第 1 次印刷
开　　本：887 毫米 ×1192 毫米　1/16
印　　张：24.25
字　　数：200 千字
定　　价：198.00 元
ISBN　978-7-5032-6897-7

版权所有　翻印必究
如发现质量问题，请直接与营销中心联系调换